**LYON À**

CW00487066

VILLE DE LYON

RHÔNE

LE DÉPARTEMENT

FFRandonnée

les chemins, une richesse partagée

association reconnue d'utilité publique
64, rue du Dessous-des-Berges
75013 Paris

2ᵉ édition : novembre 2010
© Fédération française de la randonnée pédestre 2010 – ISBN 978-2-7514-0462-7
Dépôt légal : novembre 2010

Sommaire

Rejoignez-nous et randonnez l'esprit libre

Pour mieux connaître la fédération, les adresses des associations de votre département, pour tout savoir sur l'actualité de la randonnée, pour adhérer ou découvrir la collection des topo-guides.

Tout sur
www.ffrandonnee.fr

FFRandonnée

lyon, ville nature

VILLE DE LYON

Lyonnais ou touriste d'un jour, les parcours sont légion pour (re)visiter la ville. A pied, à vélo(v) ou rollers, en solo ou en groupe (balades urbaines chaque 3ème dimanche du mois. **Ville de Lyon : 04 72 10 30 30** ou visites thématiques de l'Office de Tourisme, **04 72 77 69 69**), découvrez des quartiers, des monuments, des ambiances...

Le plaisir d'arpenter se conjugue aussi avec Lyon, ville nature, qui agit en la matière : reconquête des berges du Rhône, extension du parc de Gerland, fleurissement... **Lyon est la première ville en France certifiée ISO 14001 pour l'action de sa direction des Espaces verts.**

www.lyon.fr

FFRandonnée

TopoGuides®

La Picardie
... à pied®

50 Promenades et Randonnées

Promenade & Randonnée

FFRandonnée
www.ffrandonnee.fr

Un choix de titres pour tous et dans toute la France.
Un catalogue très riche : 4 collections et 270 titres.
Des randonnées itinérantes et des promenades en famille.
Des nouveautés et des mises à jour tous les ans.

TopoGuides®

La meilleure façon de marcher

RHÔNE
LE DÉPARTEMENT

CHARNAY   2.9 km →
La Colline   0.8 km →

LES SENTIERS DU RHÔNE

Terre de contrastes entre collines boisées, notre département déroule une mosaïque souvent méconnue de paysages propices à l'exploration. Ces territoires, véritables "poumons verts" empreints de calme et d'authenticité, vous invitent à la promenade ou à la randonnée...

Sur les 4 200 km de chemins à baliser dans le cadre du plan départemental des itinéraires de promenade et de randonnées dans le Rhône, 2 600 km sont aujourd'hui équipés.

Retrouvez dans les commerces et offices de tourisme les cartoguides "Les sentiers du Rhône", édités par le Département du Rhône, au prix de 3 ou 4 .

Renseignements : Tél. 04 72 61 36 10

› Disponible

"Les Vallons du Lyonnais"
"La Vallée du Garon"
"Le pays mornantais et Givors-Grigny"
"Le pays de l'Arbresle"
"Les pays du Bois d'Oingt"
"Entre Azergues et Pierres dorées"
"Val d'Ozon et Balmes dauphinoises"
"Les Hauts du Lyonnais"
"Le Franc Lyonnais"
"Le pays d'Amplepuis-Thizy, autour du Lac des Sapins"

› À paraître

"Beaujolais, entre Morgon et Vauxonne"
"Chamousset-en-Lyonnais"

ENVIRONNEMENT › QUALITÉ DE VIE › VOIRIE › PARC DE LACROIX-LAVAL › RANDONNÉES › ITINÉRAIRES

› LES CARTOGUIDES ›

VOIRIE › PARC DE LACROIX-LAVAL › PROMENADES › SENTIERS › ENVIRONNEMENT › VOIRIE › QUALITÉ DE VIE

www.rhone.fr

De plus en plus, nos grandes agglomérations sont le terrain des activités de marche et de randonnée pédestre. Véritable phénomène de société, ces nouvelles pratiques urbaines offrent une vision nouvelle de la ville.

Cet autre regard, la Ville de Lyon le propose le troisième dimanche de chaque mois à travers son programme de balades urbaines élaboré en liaison étroite avec le tissu associatif et culturel local.

Prendre le temps de se promener dans les rues de Lyon, c'est découvrir une cité historique, deux fois millénaire, avec ses deux fleuves, son confluent et ses collines. C'est passer de quartier en quartier comme on traverse les époques dont les traces sont largement visibles et forment une grande harmonie urbaine. Enfin, c'est goûter à ce patrimoine architectural unique classé au Patrimoine mondial de l'Unesco.

Les transformations profondes de l'espace urbain lyonnais répondent aujourd'hui à cette soif de découverte qui anime de plus en plus de randonneurs des villes. L'aménagement des berges du Rhône, l'achèvement du parc de Gerland, la réalisation de la « plaine africaine » du parc de la Tête-d'Or et de très nombreux espaces verts dans tous les quartiers sont autant d'invitation à la balade.

À pied, à vélo ou à roller, Lyon s'ouvre désormais à tous les modes de promenades. Ce topo-guide proposé par la Fédération française de la randonnée pédestre permet d'enrichir cette offre pour les Lyonnais et tous les visiteurs désireux de découvrir ou re-découvrir la cité.

Bienvenue à Lyon et bonne promenade à tous !

Gérard COLLOMB
Sénateur-Maire de Lyon

BALISAGE, ITINÉRAIRES

Le tracé des circuits est reporté sur le plan de Lyon où des repères mentionnent certains points de passage pour permettre de se situer avec plus de précision.

Les itinéraires ne sont (en 2007) pas balisés mais le nom des rues et parfois le numéro des immeubles sont indiqués tout au long de la description, ce qui doit permettre au promeneur de se repérer sans peine.

Le but de ce topo-guide est de conduire les randonneurs à travers la ville en leur permettant de découvrir des lieux insolites, tranquilles et dignes d'intérêt, et de leur faire parcourir, chaque fois que l'itinéraire le permet, les nombreux espaces verts. Les circuits peuvent donc parfois surprendre par leur tracé inattendu ; c'est précisément parce qu'ils ont été conçus de façon à faire découvrir la ville avec un maximum d'agrément.

Certains lieux (traboules, escaliers remarquables, façades sur cour) ne sont accessibles qu'en pénétrant dans une enceinte privée. Le promeneur saura s'y conduire correctement et avec le maximum de discrétion.

Aucune indication de temps ne saurait être donnée, chacun étant libre de s'arrêter à sa guise pour visiter ou observer monuments et curiosités.

CONSEILS POUR RANDONNER

Pour une marche de plusieurs heures en milieu urbain, des chaussures basses à bonne semelle sont conseillées.

POUR SE RENDRE À LYON

■ Transports aériens
Aéroport Lyon-Saint-Exupéry
www.lyon.aeroport.fr

Standard de l'aéroport : 0826 800 826
Standard depuis l'étranger : 33 426 007 007

Liaison : centre-ville – Aéroport
Tram Express Rhônexpress
tél. : 0826 00 17 18 ; www.rhonexpress.fr
Horaires : tous les jours, toutes les 15 minutes de 5 h à minuit
Itinéraire : Aéroport Lyon-Saint-Exupéry – Meyzieu Z.I. – Vaulx-en-Velin – Lyon Part-Dieu (correspondances métros, tramways, trolleybus, bus à tous les arrêts).

■ Liaisons ferroviaires
Contact SNCF : 3635
www.voyages-sncf.com
Les deux gares principales sont : Lyon-Part-Dieu et Lyon-Perrache.
Une troisième gare TGV est implantée à l'aéroport Lyon-Saint-Exupéry.
Le TGV relie Lyon et Marseille en 1 h 40, Montpellier en 1 h 45, Paris en 1 h 55, Lille en 4 h, Rennes en 6 h 15.

■ Liaisons routières
Gare routière, centre d'échange de Lyon-Perrache, 69002 Lyon
tél. : 04 72 56 95 30, fax : 04 72 41 72 43.
Le maillage autoroutier de Rhône-Alpes est très serré. Lyon est situé à 1 h 30 de Genève, 3 h de Turin, 4 h de Paris, 5 h de Barcelone.

POUR SE DÉPLACER DANS LYON

■ Transports urbains
TCL Sytral
Allo TCL : 0820 42 7000 ; www.tcl.fr
Plus de 120 lignes d'autobus, 4 lignes de métro, 2 funiculaires, 4 lignes de tramway.

■ Taxis
Près de 40 stations de taxis sont situées sur tout le territoire de la ville.
Numéros d'appel de radio-taxis :
Allo taxi : 04 78 28 23 23 ; www.allotaxi.fr

Taxi Lyonnais : 04 78 26 81 81 ;
www.taxilyonnais.com
Taxi Radio : 04 72 10 86 86 ;
www.taxilyon.com

■ Vélo et pistes cyclables

Le Grand Lyon, dans le cadre de sa politique en faveur des déplacements doux, aménage des pistes cyclables et favorise l'usage du vélo en centre-ville.

• Vélo'v

tél. : 0 800 08 35 68 ;
www.velov.grandlyon.com
vous offre un service de location de vélos simple et pratique 24 heures sur 24 et 7 jours sur 7 avec un maillage de stations distantes en moyenne de 300 m. Différents types d'abonnement sont possibles. La carte courte durée, valable pendant 7 jours, est disponible à toutes les stations vélo'v. Vous payez avec votre carte bancaire. Le coût horaire est :
– 30 premières minutes gratuites
– de 0 h 30 à 1 h : 1 €
– par demi-heure suivante : 2 €
– frais de carte : 1 €

• Cyclopolitain

tél. : 04.78.30.35.90 ;
http://lyon.cyclopolitain.com
Des tricycles électriques conduits par de jeunes chauffeurs vous transportent dans un périmètre incluant la Presqu'île, de la place Carnot aux pentes de la Croix-Rousse, et le Vieux Lyon.

ADRESSES UTILES

■ Office du tourisme et des congrès du Grand Lyon

Place Bellecour, 69002 Lyon
tél. : 33 (0) 4 72 77 69 69 ;
www.lyon-france.com

■ Mairie de Lyon

1 place de la Comédie, 69205 Lyon Cedex 01
tél. : 04 72 10 30 30 ; www.lyon.fr

■ Grand Lyon – Communauté urbaine de Lyon

20 rue du Lac, BP 31 03,
69399 Lyon Cedex 03
tél. : 04 78 63 40 40 ; www.grandlyon.com

■ Comité départemental du tourisme

142 bis, av. Maréchal-de-Saxe, 69006 Lyon
tél. : 04 72 56 70 40, fax 04 72 56 70 41 ;
www.rhonetourisme.com

■ Comité départemental de la randonnée pédestre du Rhône

39 rue Germain, 69006 Lyon
tél. : 04 72 75 09 02 ; www.ffrp-rhone.fr

LES MUSÉES

■ Centre d'Histoire de la Résistance et de la Déportation

14 avenue Berthelot, 69007 Lyon
tél. : 04 78 72 23 11 ;
www.chrd.lyon.fr

■ Institut Lumière

25 rue du Premier-Film, BP 8051,
69008 Lyon
tél. : 04 78 78 18 95 ; www.institut-lumiere.org

■ Maison des Canuts

10 rue d'Ivry, 69004 Lyon
tél. : 04 78 28 62 04 ;
www.maisondescanuts.com

■ Musée de Fourvière

8 place de Fourvière, 69005 Lyon
tél. : 04 78 25 13 01 ;
www.fourviere.org

■ Musée gallo-romain de Lyon-Fourvière

17 rue Cléberg, 69005 Lyon
tél. : 04 72 38 49 30 ;
www.musees-gallo-romains.com/fourviere/

■ Musée de l'Imprimerie

13 rue de la Poulaillerie, 69002 Lyon
tél. 04 78 37 65 98 ;
www.bm-lyon.fr/musee/imprimerie.htm

Infos pratiques

■ Musée des Beaux-Arts
20 place des Terreaux – Palais Saint-Pierre,
69001 Lyon
tél. : 04 72 10 17 40 ; www.mba-lyon.fr

■ Musée des Tissus et des Arts décoratifs
34 rue de la Charité, 69002 Lyon
tél. : 04 78 38 42 00 ;
www.musee-des-tissus.com

■ Musée d'Art contemporain
81 quai Charles de Gaulle, Cité internationale,
69006 Lyon
tél. : 04 72 69 17 18 ; www.moca-lyon.org

**■ Musée Historique de Lyon et musée
international de la Marionnette**
Hôtel Gadagne, 1 place du Petit-Collège,
69005 Lyon
tél. : 04 78 42 03 61 ;
www.museegadagne.com

■ Musée international de la Miniature
60 rue Saint-Jean – Maison des Avocats,
69005 Lyon
tél. : 04 72 00 24 77 ; www.mimlyon.com

■ Musée urbain Tony-Garnier
4 rue des Serpollières, quartier des États-
Unis, 69008 Lyon
tél. : 04 78 75 16 75 ;
www.museeurbaintonygarnier.com

■ Palais des Automates
100 rue Saint-Georges, BP 5015,
69245 Lyon Cedex 05, 69005 Lyon
tél. : 04 72 77 75 28 ;
www.automates-ema.com

BIBLIOGRAPHIE

Connaissance de Lyon
■ BAYARD Françoise et CHAPLAIN Marie-
Hélène, *Lyon et ses environs*, Éd. Ouest-
France, 128 p.

Céramiques au muséum d'Histoire naturelle.
Photo CDT – P. A.

■ BENOÎT Bruno et SAUSSAC Roland, *Histoire
de Lyon des origines à 2005*, Éd. des Traboules.

■ BENOÎT Félix, QUÉRÉ Marcel, *Lyon insolite
et superbe*, Éd. Xavier Lejeune, 227 p.

■ BUGNARD Catherin, *La Plaisante Sagesse
Lyonnaise*, Éd. Tixier et fils, 61 p.

■ BURDY Jean, *Les Aqueducs romains de
Lyon*, Presses Universitaires de Lyon, 214 p.

■ CHAUVY Gérard, *Lyon les Années 40*,
Éd. La Taillanderie / Le Progrès, 144 p.

■ CHAUVY Gérard, *Lyon les Années 60*,
Éd. La Taillanderie / Le Progrès, 144 p.

■ DE VISAN Tancrède et TRUCHET Gérard, *Le
Guignol Lyonnais,* Éd. Gérard Tisserand,
141 p.

■ DEJEAN René, *Balades à travers Lyon
insolite*, Éd. des Traboules, 100 p.

■ DELALAING Xavier et FORMICA Vincent,
Tranches de ville, Lyon, Éd. Déclics, 112 p.

■ Du Puitspelu Nizier, *Le Littré de la Grand'Côte*, Jean Honoré Éditeur, 1980, 352 p.

■ Étevenaux Jean, *La soierie lyonnaise*, Éd. La Taillanderie, 64 p.

■ Gambier Gérald, *Cours et traboules de Lyon*, Éditions La Taillanderie, 64 p.

■ Gambier Gérald, *Guignol*, Éditions La Taillanderie 64 p.

■ Gambier Gérald, *Le Vieux Lyon, un patrimoine vivant*, Éditions La Taillanderie, 64 p.

■ Gambier Gérald, *Murs peints de Lyon d'hier et d'aujourd'hui*, Éd. La Taillanderie, 64 p.

■ Gambier Gérald, *Richesses et Visages de Lyon*, Éditions La Taillanderie, 64 p.

■ Grison Pierre, *Des Mets et des Mots lyonnais*, Éd. Xavier Lejeune, 64 p.

■ Jacquemin Louis, *Églises de Lyon*, Éd. La Taillanderie, 64 p.

■ Lacroux Louis-François, *Lyon au bord de l'eau*, Éd. Xavier Lejeune, 112 p.

■ Laferrère Michel, Debidour Victor-Henri et Michel, *Lyon et ses environs*, Arthaud,.216 p.

■ Latreille André et co-auteurs, *Histoire de Lyon et du Lyonnais*, Privat, 516 p.

■ Lebeau René, *La Région Lyonnaise, Atlas et géographie de la France Moderne*, Flammarion

■ Mure André et Christian, *Lyon Gourmand*, Éditions S M E, 226 p.

■ Neyret Régis et Chavent Jean-Luc, *Lyon Méconnu*, Éd. Lyonnaises d'Art et d'Histoire, 96 p.

■ Pelletier Jean, *Connaître son arrondissement*, Éd. Lyonnaises d'Art et d'Histoire.

■ Pelletier Jean, *Ponts et quais de Lyon*, Éd. Lyonnaises d'Art et d'Histoire, 96 p.

■ Pelletier Jean et Delfante Charles, *Atlas historique du Grand Lyon*, Éd. Xavier Lejeune.

Guides touristiques

■ Flori M. et Forissier Cl., *Bouchons, Brasseries et Restaurants lyonnais*, Éd. EREME.

■ *Guide du Routard Lyon*, Éditions Hachette Tourisme.

■ *Le Petit Futé Lyon*, Éditions Petit Futé.

■ *Lyon, Rhône*, Guides Gallimard.

■ *Lyon débrouille*, Éditions Comco.

■ *Lyon et la Vallée du Rhône,* Guide Vert, Michelin.

■ *Lyon, de balades en découvertes*, Éd. du Mot Passant.

■ *Petit Paumé,* Guide gratuit de Lyon.

■ *Un grand week-end à Lyon*, Éditions Hachette Tourisme.

Découvertes à pied

■ Laure Raffaeli-Fournel, *Le Piéton de Lyon, 12 itinéraires de promenades*, Rando Éditions.

■ *Découvrir Lyon en s'amusant avec* SECIRELY.

■ *Les Monts du Beaujolais et du Lyonnais à pied*, Topo-guides FFRandonnée.

■ *L'Ain à pied*, Topo-guides FFRandonnée.

■ *La Loire à pied*, Topo-guides FFRandonnée.

Fédération française de la randonnée pédestre
64, rue du Dessous-des-Berges – 75013 PARIS / M° Bibliothèque François-Mitterrand
Tél. : 01 44 89 93 93 – Fax : 01 40 35 85 67
e-mail : info@ffrandonnee.fr ; Internet : www.ffrandonnee.fr

Lyon
à travers l'histoire

Lyon a plus de deux mille ans d'existence et les grandes étapes de sa construction ont été tributaires de sa géographie. Créée par Munatius Plancus en 43 avant J.-C. qui bâtit l'oppidum sur la colline de Fourvière, la cité était, trente ans après, la plus peuplée des Gaules. La ville administrative romaine était installée sur cette colline (*forum vetus*, d'où Fourvière) tandis qu'au pied de l'autre colline, la Croix-Rousse, s'implanta Condate, le quartier populaire gaulois. Sur une île, un peu plus au sud, Canabae, le quartier des affaires, contrôlait la navigation.

Au IVe siècle, Fourvière est abandonnée. Au Moyen Âge, la cité médiévale se développe le long de la Saône. Les Romains ayant construit une digue, le confluent est reporté à la hauteur de Perrache. La Presqu'île se crée petit à petit, le commerce se développe, la rue Mercière est la plus commerçante.

Les fortifications sont de plus en plus repoussées et, au XIIe siècle, le premier pont de la Guillotière, desservant la direction des Alpes, est construit. Le quartier de la Guillotière, embryon de la future ville à l'est, se peuple progressivement.

Au XVe siècle, Louis XI octroie à la ville quatre foires annuelles. En 1536, François 1er favorise l'installation des ouvriers de la soierie ; Lyon devient un centre important de manufactures de tissus de soie. La population est portée à cette époque à environ 60 000 à 80 000 habitants. La rive orientale du Rhône reste cependant champêtre.

Aux XVIIIe et XIXe siècles, la ville s'organise et prend sensiblement la forme géographique que nous lui connaissons actuellement. Les quais du Rhône sont construits. L'ingénieur Perrache fait prolonger la Presqu'île au sud. L'architecte Morand établit le projet de la rive gauche du Rhône desservie par un nouveau pont avec un quadrillage régulier des rues. Le quartier des Brotteaux est créé.

Au XIXe siècle, l'industrie du textile, très artisanale, se développe. Les petits ateliers se regroupent sur les « pentes » de la Croix-Rousse qui devient le quartier des « Canuts ». Mais, après la grande insurrection de 1831, la révolte des « Canuts », le patronat décentralise les fabriques dans les campagnes du voisinage.

À la fin XIXe siècle, vers 1890, les industries de la chimie et de la métallurgie qui ont besoin d'un certain isolement et de beaucoup d'eau se développent dans la plaine dauphinoise. L'extension de la ville vers l'est s'intensifie. En 1911, on dénombre 320 000 habitants alors que vers les années 1870, la population plafonnait à 240 000 habitants.

Petit théâtre de l'Odéon à Fourvière. *Photo É. S.*

À la même époque, le chemin de fer se construit à peu près à l'emplacement de la ceinture fortifiée. Il dessert les gares des Brotteaux et de Perrache et coupe la ville en deux secteurs d'aspects différents, reliés par des ponts souvent trop étroits. Pour se développer, les industries s'implantent au-delà de la voie ferrée et forment une couronne de plusieurs hectares en regroupant autour d'elles une multitude de petits ateliers.

Au nord-est, le textile s'implante à Villeurbanne. À Décines, une seule compagnie (la Société lyonnaise de soie artificielle) occupe 28 hectares. À l'est et au sud-est, l'industrie automobile (Berliet) occupe 63 hectares. La chimie, plus au sud, compte cinq usines sur 136 hectares. La main-d'œuvre se loge au travers de ce tissu industriel et les grosses sociétés édifient de vastes cités ouvrières, tel Berliet qui construit sur 400 hectares. Les industries occupent aussi le sud de la Presqu'île : le « confluent » (derrière les voûtes de Perrache).

Le préfet Vaïsse avait fait percer (comme Haussmann à Paris) les rues du centre : la rue de la République et la rue de l'Hôtel-de-Ville. Au nord, sur les bords de la Saône, à Vaise, vers la gare d'Eau (disparue aujourd'hui, comblée par les matériaux issus du percement du tunnel routier sous Fourvière), des industries chimiques et alimentaires s'installent.

En 1939, plusieurs communes suburbaines sont rattachées à Lyon et l'ensemble atteint environ 630 000 habitants.

Après la Seconde Guerre mondiale, le développement du Grand Lyon (anciennement Courly) atteint 1 200 000 habitants. Son développement, compte tenu de ses rues étroites et de l'essor de l'automobile, asphyxie la Presqu'île. En 1960, la ville acquiert 22 hectares occupés jusque-là par l'armée : le quartier de la Cavalerie et la caserne de la Part-Dieu. Le maire, Louis Pradel, mandate la Société d'équipement

Saint-Jean et Fourvière. *Photo M. B.*

de la région lyonnaise (SERL) pour l'étude et la conception d'un ensemble administratif, culturel, commercial, bancaire et tertiaire. C'est le début de la construction du centre commercial qui regroupera sur 110 000 m² de très nombreux commerces, restaurants et cinémas. Cette réalisation est dominée par une tour de 165 m de haut et 42 étages, le « Crayon », nouveau « phare » de la ville. À proximité, a été créée, en 1985, sur l'emplacement d'une gare de marchandises, la gare centrale de la Part-Dieu qui permet de recevoir le TGV et met Lyon à deux heures de Paris.

Toutes ces réalisations, engendrant de multiples déplacements, ont nécessité la construction de tunnels routiers, de parkings souterrains, d'un métro et de lignes de tramways complétant les lignes de bus préexistantes.

L'équipement de la ville se poursuit actuellement avec la création de nouveaux pôles d'activité : la Cité internationale vers le parc de la Tête-d'Or, Lyon-Confluence au sud de la Presqu'île ou le quartier de l'Industrie à Vaise.

Depuis 1998, sous l'impulsion de son maire, Raymond Barre, les quartiers du Vieux Lyon et des pentes de la Croix-Rousse sont inscrits par l'Unesco au Patrimoine mondial de l'Humanité, et la vocation touristique de la ville a désormais supplanté son passé industrieux.

L'urbanisme

L'urbanisme de la cité a évolué en fonction des époques, des besoins des hommes et des moyens techniques dont ils disposaient. C'est ainsi qu'au cours des siècles le *forum vetus* de Lugdunum dont la superficie atteignait à peine 1 000 m² est devenu la vaste métropole urbaine qui s'étend aujourd'hui sur près de 5 000 hectares.

Des fouilles archéologiques ont permis de mettre à jour les sites primitifs : l'oppidum sur la colline de Fourvière qui marque la fondation de la ville, Condate la gauloise sur les pentes de la Croix-Rousse et l'active Canabae dans la Presqu'île. Lugdunum était alors la ville la plus importante des Gaules.

Après la chute de l'Empire romain, du IVe au IXe siècle, la ville ne se développe guère et reste repliée sur elle-même autour de la cité épiscopale sur la rive droite de la Saône. La rivière, parcourue par un trafic dense de bateaux, est l'axe principal de la cité. Le pont de pierre édifié en 1070 permettra de réunir la ville épiscopale à la Presqu'île où s'exercera le pouvoir civil des échevins. La Presqu'île se développe autour du débouché du pont à Saint-Nizier et le long de ses voies étroites et sinueuses (rue Mercière, rue de la Poulaillerie) qui mènent vers le pont de la Guillotière. Le grand territoire rural de l'abbaye d'Ainay s'installe au sud et la place Bellecour n'est encore qu'une prairie menacée par les terribles crues du Rhône. Le fleuve aux eaux tumultueuses restera longtemps un obstacle majeur au développement de la ville et une véritable frontière entre les provinces. Un premier pont s'étant écroulé au XIIe siècle, le pont de la Guillotière sera utilisé dès le XVe siècle mais ne sera définitivement édifié en maçonnerie qu'au XVIe siècle.

C'est à cette époque de la Renaissance que Lyon connaît un très fort développement. La cathédrale Saint-Jean, romane puis gothique, devenue primatiale, est enfin achevée. Les

Les toits du Vieux Lyon. *Photo M. C.*

rois de France favorisent la ville en lui accordant les privilèges de foires. L'économie est florissante et la population croît rapidement. Les échevins s'installent dans l'hôtel de ville de la rue de la Poulaillerie (actuel musée de l'Imprimerie). Dans le Vieux Lyon et la Presqu'île, des constructions nouvelles remplacent les anciennes demeures médiévales. Par manque de place, elles sont construites en hauteur : jusqu'à cinq étages avec des tours, des escaliers à vis, des cours à galeries comportant des puits et des façades à fenêtres à meneaux ou gothiques ornées de sculptures.

Aux XVIIe et XVIIIe siècles, la ville continue à s'étendre et à s'embellir. L'Hôtel-Dieu acquiert sa longue façade monumentale, la place Bellecour prend sa physionomie actuelle avec la statue de Louis XIV. De nouvelles églises sont construites, les places s'ornent de belles fontaines. Mais, bloquée de toute part, la ville étouffe, et il est nécessaire de trouver de la place. L'ingénieur Perrache entreprend d'agrandir la Presqu'île en déplaçant le confluent de près de 2 km vers le sud, et l'architecte Morand cherche à gagner du terrain en aménageant sur la rive gauche du Rhône le territoire de la Guillotière et les îles marécageuses des Brotteaux. Ces deux opérations sont interrompues par la Révolution mais elles définissent ce qui sera le cadre du développement de la ville au XIXe siècle.

Dès la Restauration, les industries et les ateliers se déplacent vers le nord, à Vaise, et vers l'est, à la Guillotière. Puis, les canuts quittent la Presqu'île où ils manquent d'espace et de lumière pour les pentes et le plateau de la Croix-Rousse. Ils s'installent dans des immeubles construits pour eux avec des plafonds de quatre mètres de haut permettant de loger les grands métiers Jacquart.

Les activités industrielles, les prisons et les casernes sont repoussées au sud de Perrache. Aux Brotteaux, des immeubles bourgeois sont construits sur le cours Morand, devenu cours Franklin-Roosevelt, et l'avenue de Saxe alors qu'une population plus miséreuse s'installe dans les terrains alentours appartenant aux Hospices. Le Vieux Lyon ne change guère et évolue vers la paupérisation.

En 1852, la Croix-Rousse, la Guillotière et Vaise sont annexés à la ville et c'est dans la seconde moitié du XIXᵉ siècle que la ville commence à prendre ses contours actuels. Le préfet Vaïsse fait percer les grands axes de la Presqu'île : la rue Impériale (rue de la République) puis la rue de l'Impératrice (rue Édouard-Herriot). Sur la rive gauche du Rhône, le cours Gambetta est percé, les quais sont surélevés et le parc de la Tête-d'Or est créé. De splendides ponts métalliques sont construits sur le Rhône (pont Lafayette et pont de l'Université). L'avenue Félix-Faure et le cours Albert-Thomas permettent l'expansion vers l'est. À partir de 1905, Édouard Herriot s'intéressera aux grands équipements sociaux et les confiera à Tony Garnier. À partir des années 1930, la ville qui était jusqu'alors sans grand attrait cherchera à améliorer son cadre de vie et, à partir de la seconde moitié du XXᵉ siècle, l'extension de l'agglomération dans toutes les directions conduira à la création de la Communauté urbaine.

En quittant les quartiers centraux de la ville, les industries laissent alors leurs terrains disponibles pour l'habitat. Le plan de déplacement urbain favorise les transports en commun avec la mise en place des réseaux du métro puis du tramway. Les deux centres névralgiques de la cité sont désormais la Presqu'île

Tour de la Part-Dieu : le « Crayon ».
Photo M. B.

et la Part-Dieu. La Presqu'île conserve les boutiques de luxe et les fonctions directionnelles (hôtel de ville). La Part-Dieu, autour du centre commercial, de la gare et de l'hôtel de la Communauté urbaine, développe des fonctions administratives importantes. Dans le même temps, le Vieux Lyon continue sa réhabilitation et devient le centre touristique de la ville.

Actuellement, de grands projets d'aménagement sont en cours : la Cité internationale, quai Charles-de-Gaulle, est complétée par le nouveau centre de congrès : l'Amphithéâtre salle 3000. Le quartier de la Duchère, où plusieurs tours ont été démolies, est en cours de reconstruction. Les berges du Rhône sont transformées en un véritable couloir de verdure. Les quartiers de Vaise et de Gerland sont réaménagés. La Sucrière, ancien entrepôt du port Rambaud, est agencée en espace culturel. Le vaste programme de Lyon-Confluence doit remodeler tout le secteur dans les dix prochaines années, en faisant des quais de Saône une véritable marina urbaine. Progressivement, tout le paysage urbain se redessine, et la volonté d'embellissement de la ville contribue à attirer à la fois touristes et chefs d'entreprises du monde entier.

Le confluent. *Photo J. Le.*

Avec une population de 1 300 000 habitants pour l'ensemble des 55 communes de l'agglomération urbaine, une altitude moyenne d'environ 200 m et un climat tempéré et ensoleillé, la deuxième métropole de France, située à moins de 100 km du 45e parallèle, n'est plus tout à fait au nord mais pas encore au sud. Elle est à la fois un trait d'union, un lieu de passage, une étape et un point de rencontre et d'échanges.

La ville est située au confluent du Rhône et de la Saône, qui sont séparés par la Presqu'île. Œuvre des hommes, qui pendant des siècles ont endigué les deux fleuves pour créer cette étroite langue de terre, elle est devenue le cœur de la cité. Coincé à l'ouest par la colline de Fourvière et au nord par celle de la Croix-Rousse, Lyon s'est construit progressivement sur plusieurs niveaux avec des rues grimpant en lacets au flanc de ses pentes. Ce n'est qu'à partir du XVIIIe siècle que la ville s'est étendue à l'est sur les terres jadis pauvres et marécageuses des « lônes » du Rhône et de la plaine du Dauphiné. Désormais, le quartier de la Part-Dieu regroupe autour de la cité administrative, du centre commercial et de la gare TGV un second pôle moderne d'activité.

Compte tenu de la topographie, de gros investissements ont été nécessaires pour doter la ville d'infrastructures adaptées :
– infrastructures ferroviaires avec le percement, lors de la construction de la ligne du PLM, d'un tunnel sous la colline de Fourvière pour desservir la gare de Perrache, et, sur l'emplacement d'anciennes fortifications, la construction du long contournement est de la ville par le chemin de fer à travers les quartiers des Brotteaux, de la Part-Dieu et de la Guillotière ;
– infrastructures routières avec plus de vingt ponts traversant la Saône et le Rhône et trois tunnels routiers. Le plus célèbre est celui de Fourvière dont la triste réputation a nui pendant de nombreuses années à l'image de la ville, la France entière ne connaissant de Lyon que le trop célèbre « bouchon de Fourvière » en période de grandes migrations estivales. Avec le contournement autoroutier de la ville par l'est, ce bouchon a désormais « sauté ». Néanmoins, l'augmentation de la circulation automobile, la situation géographique de la ville, trait d'union entre l'Europe du Nord et l'Europe méditerranéenne, et sa topographie, avec le goulot d'étranglement de la Saône au niveau du quai Pierre-Scize, poseront toujours de nombreux problèmes pour assurer un transit nord-sud fluide.

Par son réseau de routes, d'autoroutes et de lignes de chemin de fer, Lyon est largement ouvert sur le département du Rhône et la région Rhône-Alpes.

À proximité immédiate, les monts du Lyonnais et les secteurs d'Yzeron et des crêtes du col de la Luère, à plus de 800 m d'altitude, sont très fréquentés les week-ends par les promeneurs qui viennent s'y détendre. À peine plus éloigné, entre Villefranche-sur-Saône et la vallée de l'Azergues, le pays des Pierres Dorées, ainsi surnommé en raison de la couleur ocre de ses calcaires, est particulièrement pittoresque à l'automne lorsque les vignes se teintent aux couleurs de l'été indien.

Le Beaujolais est avant tout connu pour son vignoble, et tout particulièrement son « vin primeur » qui est exporté dans le monde entier. Cependant, à une altitude plus élevée (1 000 m au mont Saint-Rigaud), le Haut Beaujolais est une agréable zone de moyenne montagne recouverte de forêts qui, à moins de deux heures de Lyon, est particulièrement fréquentée par les marcheurs à la recherche de fraîcheur et d'air pur.

35 circuits de randonnées ainsi que l'itinéraire du GR® 7 de Mâcon à Saint-Chamond et la grande boucle du *Tour des Monts du Lyonnais* sont décrits dans le topo-guide : *Les Monts du Beaujolais et du Lyonnais à pied* publié en 2004 par la Fédération française de la randonnée pédestre.

À moins de trois heures de route, toute la région Rhône-Alpes attire les touristes et les vacanciers. La Chartreuse, le Vercors et le massif des Alpes dans son ensemble avec leurs stations de ski, leurs lacs et leurs prestigieux itinéraires de randonnées pédestres, le Bugey et le Jura, accueillant les fondeurs et les raquetteurs, les contreforts du Massif Central avec le Parc naturel régional du Pilat et le célèbre itinéraire du « Chemin de Saint-Jacques-de-Compostelle » fréquentés par de très nombreux randonneurs et pèlerins, les collines de la Drôme provençale au climat déjà méridional et l'Ardèche dont les gorges et les eaux tumultueuses attirent les kayakistes et canoéistes sont autant de lieux d'escapades pour les Lyonnais et les habitants de la région.

La métropole et toute la région sont bien desservies par l'aéroport Lyon-Saint-Exupéry situé à 25 kilomètres de la ville. Avec plus de six millions de passagers en 2004 et sa vocation d'escale pour le transit eurorégional, son trafic est en constante augmentation.

Que n'a-t-on pas dit et écrit sur cette ville, tristement surnommée « Myrelingues la brumeuse », aux habitants soi-disant chagrins et repliés sur eux-mêmes. Nombre de ces clichés ont probablement longtemps reflété une part de réalité mais depuis une trentaine d'années, la capitale rhodanienne s'est ouverte à l'Europe et au monde. Aujourd'hui, l'empreinte de la Renaissance orne les façades de ses immeubles de couleurs chatoyantes, les touristes venus du monde entier sont de plus en plus nombreux dans les méandres du Vieux Lyon, ses traboules, ses ateliers d'artisans, ses restaurants et ses nombreux musées et échoppes. Lyon est reconnu pour sa qualité de vie et son site attractif. Les étrangers de passage trouvent une métropole accueillante et ils apprécient unanimement cette ville que des jugements désormais sans fondement leur avaient trop longtemps fait éviter.

Lyon, vue aérienne.
Photo J. Le.

Les espaces naturels, parcs et jardins

L a présence d'espaces verts dans une grande agglomération est d'une importance majeure pour le bien-être de ses habitants et l'agrément de ses visiteurs.

L'extension de la ville et son développement au cours des siècles ont donné naissance à des quartiers « minéraux » où les espaces verts étaient trop rares. Sa situation de carrefour routier a entraîné la disparition progressive des zones de végétation encore naturelles et sauvages.

Le parc de la Tête-d'Or a été aménagé dans les anciennes îles des Brotteaux, le parc de Parilly sur une ancienne butte morainique. Seuls quelques secteurs de verdure naturelle sauvage subsistent encore le long du Rhône en amont de la ville vers le site de La Feyssine et du Brétillod ou sur les pentes de la Duchère et du versant ouest de la Croix-Rousse.

Une meilleure prise en compte du rapport ville-nature est depuis de nombreuses années un souci constant pour les équipes municipales. Il a fallu œuvrer au redéploiement et à l'extension de la présence de verdure sous des formes diversifiées aux quatre coins de la ville.

De grands projets sont en cours de réalisation : le parc de Gerland, le parc des Berges de Saône avec l'aménagement de Lyon-Confluence et le couloir de verdure des berges du Rhône.

Des parcs et jardins de proximité sont créés dans tous les quartiers de la ville en mettant parfois à profit les parcs résidentiels d'anciennes propriétés bourgeoises. Ce sont parfois également de petites « oasis de verdure » enserrées au milieu des immeubles. Un aspect plus agréable et attrayant est donné aux carrefours, ronds-points et avenues par la création de massifs ou de parterres de fleurs utilisant toute la diversité végétale et florale avec même de splendides décorations en forme de mosaïques.

Le patrimoine de verdure de Lyon comporte 42 000 arbres dont 7 850 au parc de la Tête-d'Or, et 270 hectares d'espaces verts sont entretenus par une équipe de 400 agents dont 200 jardiniers. Toute une série d'actions a été lancée vers le grand public et le milieu scolaire pour faire connaître le travail réalisé et sensibiliser la population au respect de l'espace public.

Le souci constant pour la conception des itinéraires de ce topo-guide a été de traverser le plus grand nombre de parcs et jardins fleuris et verdoyants de la ville afin de pénétrer leur histoire et leur beauté.

Vous découvrirez ainsi :

– le parc des Berges-du-Rhône puis le parc de Gerland, dédié aux loisirs, aux activités sportives et à la découverte de la nature,

– le jardin des Hauteurs, projet global de mise en valeur de la colline de Fourvière,

Dans le parc de la Tête-d'Or.
Photo M. C.

Le discret parc Sutter.
Photo M. C.

avec les jardins du Rosaire, le site archéologique et le musée Gallo-romain, le jardin de la Visitation et le parcours aménagé de l'esplanade de la basilique aux pentes de la Sarra en passant par la tour métallique et la passerelle des Quatre-Vents,

– les parcs et jardins de la Croix-Rousse : le parc de la Cerisaie, ancien verger de cerisiers qui abrite la villa Gillet et la vigne de la République des Canuts ainsi que d'autres lieux beaucoup plus secrets comme le parc Popy, le clos Carret, le jardin des Chartreux qui domine la vallée de la Saône ou le parc Sutter réaménagé en 2002,

– le parc de la Tête-d'Or, créé au XIXᵉ siècle, avec sa roseraie, son lac, son zoo et sa « plaine africaine » où les animaux vivent en semi-liberté, son jardin botanique et ses collections sous serres, sa pelouse des Ébats et sa zone d'attractions avec des manèges et un théâtre Guignol,

– les surprenants jardins suspendus du centre d'échange de Perrache,

– le parc Chambovet et sa grande prairie libre d'accès,

– le jardin du Château-Lumière,

– le magnifique parc de Saint-Rambert et la romantique île Barbe.

Mais le tout nouveau charme de la ville réside dans l'aménagement, sur les berges du Rhône, d'un parc urbain de dix hectares en plein centre-ville. La totalité des basports de la rive gauche qui n'était qu'un vaste parking est transformée en un long couloir de verdure qui s'étend de La Feyssine, au nord, jusqu'au parc de Gerland, au sud, avec un long parcours piétonnier et cyclable de 5 km invitant à la promenade. Vous découvrirez du nord au sud :

– le « Brétillod » en amont du pont Winston-Churchill : un milieu naturel préservé où quelques pontons permettent d'accéder aux petites îles appréciées des castors et des oiseaux du rivage,

– la ripisylve amont (forêt en bordure de cours d'eau), zone valorisant la végétation fluviale, du pont Winston-Churchill au pont Morand,

– la rive habitée, du pont Morand au pont Lafayette, où les péniches d'habitation amarrées confèrent à la rive un statut « résidentiel »,

– la longue prairie de 6 000 m², du pont Lafayette au pont de la Guillotière,

– les terrasses de la Guillotière et le centre nautique,

– le port de l'Université qui accueille les bateaux de croisière,

– la ripisylve aval, le parc des Berges et le parc de Gerland.

La nuit venue, des lumières ponctuelles et un éclairage indirect créeront une ambiance voisine du clair de lune.

Le développement de tous ces espaces verts propices aux loisirs, au repos, au divertissement et à la promenade embellit la ville. Ils permettent aux habitants et aux visiteurs de profiter pleinement de la qualité de la vie dans la métropole lyonnaise et d'apprécier la nature omniprésente.

L'art de vivre à Lyon

Bouchon lyonnais. *Photo CDT – D. G.*

Outre son patrimoine architectural largement décrit dans le topo-guide, la métropole lyonnaise offre au visiteur une très riche vie culturelle.

De nombreux musées sont mentionnés tout au long des circuits.

Des salles de spectacle vous proposent un programme éclectique :
– l'Opéra national de Lyon alterne répertoire et création lyriques. Il abrite l'orchestre de l'Opéra, le ballet, la maîtrise et l'atelier lyrique ;
– l'Auditorium, vaste salle de concert dotée d'un orgue monumental unique en France, programme plus de cent concerts par an. Il est le siège de l'Orchestre national de Lyon.

Une vingtaine de salles de théâtre sont réparties à travers la ville :
– le théâtre des Célestins, rénové depuis 2005, offre dans sa magnifique salle à l'italienne un répertoire varié allant du classique à la création contemporaine,
– la maison de la Danse accueille des compagnies françaises et étrangères et des troupes en résidence,
– le théâtre de la Croix-Rousse est un lieu de découverte théâtrale,
– l'Amphithéâtre 3000 a ouvert ses portes à la Cité internationale.

À Villeurbanne, le Théâtre national populaire (TNP) est le partenaire des grandes salles européennes.

Citons également : Les Subsistances dédiées à la création, le Théâtre Nouvelle Génération (TNG) et plus d'une centaine de compagnies théâtrales réparties dans toute l'agglomération.

À votre disposition également : vingt salles de cinéma dont plusieurs complexes comptant jusqu'à quatorze salles de projection et de nombreuses salles d'art et d'essai. Sans oublier, l'Institut Lumière qui présente tout au long de l'année une programmation cinématographique originale.

La bibliothèque municipale et la médiathèque de la Part-Dieu ainsi que de nombreuses bibliothèques d'arrondissement sont accessibles avec une carte unique de prêt.
Des associations et des centres socio-culturels permettent de pratiquer toutes sortes d'activités : arts plastiques, théâtre, musique, danse, photo, etc.

De grands événements culturels internationaux marquent la vie lyonnaise : la Biennale de la danse, l'un des plus importants festivals de danse dans le monde qui alterne avec la Biennale d'art contemporain. De nombreuses autres manifestations émaillent l'année comme la Biennale du théâtre jeune public, les feux de la Saint-Jean, la fête du 14 Juillet, les Nuits de Fourvière, les journées du Patrimoine, le marathon de Lyon, la traversée de Lyon en planche à voile et, à proximité de la cité, Jazz à Vienne ou le festival de musique ancienne d'Ambronay.
Il faut, bien entendu, décerner une mention particulière à la Fête des lumières du 8 décembre mais aussi à près de trois cents sites et monuments mis en scène chaque soir par le plan Lumière.

Les halles de Lyon et de la Martinière, plus de quarante marchés alimentaires et d'autres plus spécialisés, marché de la création, marché aux timbres, marché des bouquinistes, marché aux animaux, marché de Noël, méritent aussi votre visite.

De nombreux parcs et jardins, sont décrits dans le topo-guide. À proximité de la ville, les parcs de Lacroix-Laval et de Miribel-Jonage, les monts du lyonnais, le Beaujolais, la plaine de la Bresse, le massif du Pilat, la Drôme provençale et les Alpes, dont les premières stations de ski sont à moins de deux heures de Lyon, permettent de s'évader hors du tumulte de la cité.

L'art de vivre à Lyon, c'est aussi, bien sûr, les plaisirs de la table. Curnonsky, le prince des gastronomes, n'avait t-il pas déjà décerné à Lyon en 1934 le titre de « Capitale mondiale de la gastronomie ». Les mères lyonnaises, Paul Bocuse et d'autres grands chefs ont fait connaître leur cuisine dans le monde entier. On retrouve dans tous les quartiers de la ville différents styles de restaurants, du petit bistrot de quartier aux tables de prestige, en passant par les incontournables « authentiques bouchons lyonnais ».

(L) exique de la gastronomie lyonnaise

Andouillette à la lyonnaise : fraise ou intestin de veau mariné dans du vin blanc, avec oignons, épices, ail, moutarde, jus de citron, persil, thym ; le tout embossé dans un boyau de bœuf
Bouchon : restaurant traditionnel lyonnais
Bugnes : beignets rectangulaires, craquants et saupoudrés de sucre glace
Cardons : légume ressemblant aux côtes de bettes mais appartenant à la famille des artichauts, servi en gratin avec de la moelle de bœuf

Clapotons : salade de pieds de mouton en rémoulade
Cervelle de Canut ou Claqueret : fromage blanc battu avec de la crème fraîche, du vin blanc, des échalotes et de la ciboulette
Cervelas lyonnais : saucisson à cuire. Il se déguste « nature, pistaché ou truffé », chaud ou froid, accompagné de pommes vapeur
Coussins : carré de pâte d'amande vert pâle, fourré de chocolat, parfumé au curaçao
Cocons : petits cylindres de pâte d'amande fourrés de praliné : clin d'œil aux cocons du ver à soie
Gratons : gras de porc frit puis séché, il est servi en petites bouchées et en amuse-gueule
Jésus : saucisson sec de forme ramassée et rebondie
Quenelle lyonnaise : préparation très fine à base de semoule de blé dur, de lait et d'œuf, à laquelle on ajoute du veau, du brochet ou de la volaille
Mâchon : solide casse-croûte matinal, reprenant les plats de base du traditionnel repas lyonnais
Œuf en meurette : œuf poché servi avec une sauce à base de vin, croûtons, lardons et oignons blancs
Petit salé aux lentilles : morceaux variés de porc (jarret, poitrine) demi-sel aux lentilles
Pot : spécialité lyonnaise, bouteille de vin non bouchée de 46 cl
Rosette : long saucisson sec typiquement lyonnais en forme de fuseau
Saint-Marcellin : fromage au lait de vache
Salade lyonnaise : salade de pissenlits accompagnée de lardons, de croûtons et d'un œuf mollet
Tablier de sapeur : tripe marinée au vin blanc et moutarde, passée à l'œuf et panée, cuite à l'huile et accompagnée d'une sauce gribiche
Tarte à la praline : pâte brisée garnie de pralines roses concassées mélangées à de la crème fraîche
Tête de veau : tête de veau désossée, roulée avec sa langue, cuite au court-bouillon et agrémentée d'une sauce vinaigrette ou ravigote

Cervelle de canut. *Photo CDT – D. G.*

Cheminer
dans Lyon

La grande variété d'itinéraires proposés dans ce guide offrira aux promeneurs et randonneurs l'occasion de serpenter agréablement dans une ville étonnante, claire et accueillante, dépoussiérée et remodelée.

Les auteurs ont souhaité vous entraîner sur plus de deux mille ans de culture et d'histoire, au travers de parcours insolites, de rencontres anachroniques, de réalisations visionnaires.

Au cœur de ce carrefour européen s'entremêlent vestiges romains et architecture contemporaine, gastronomie et sport de haut niveau, soieries et biotechnologies, traboules profondes et parcs luxuriants.

Des quais de Saône aux berges du Rhône, de Fourvière à la Croix-Rousse, de l'amphithéâtre gallo-romain à la Cité internationale, de la Roseraie à la Part-Dieu, tout est contraste, beauté, air, eau et vie.

Imprégnez-vous de l'atmosphère florentine du Vieux Lyon, gravissez jusqu'à l'éclectique basilique, traversez ces mystérieuses traboules, revivez la soierie sur les pentes, flânez des Brotteaux à la Guillotière, courez au parc de la Tête-d'Or, supportez l'Olympique Lyonnais à Gerland, regagnez le calme au village de Montchat, faites une halte à Monplaisir au cinéma des frères Lumière avant de revenir place Bellecour dans les lumières de la Presqu'île.

Lyon se découvre alors, petit à petit, et se savoure comme sa gastronomie. Nul excès de précipitation ne doit guider vos pas. Randonner, c'est aussi découvrir une ville cosmopolite où le parler « yonnais » des « gones » résonne du fleuve aux collines.

Et si, lors de votre cheminement, vous entendez des éclats de voix, ne vous effrayez pas, c'est seulement Guignol qui vous souhaite une agréable balade.

« Eh bien vois-tu, gone ou fenotte, c'est pas par des boulevards bien larges et bien plats qu'on va avancer. Alors tâche moyen de prendre des souliers bien regrollés que sont faits pour marcher et pas pour paraître. Si te veux pas nous écouter et que manquablement te fais un patacul, après faudra pas venir gongonner qu'on te l'avait pas dit ! »

C'est prévenu par ces bons conseils que nous allons parcourir la ville pour tâcher de découvrir, à « cha peu », ses trésors cachés.

Quai Saint-Vincent et colline de la Croix-Rousse.
Photo CDT – Y. S.

Le Grand Tour de ville 33,2 km

Départ du circuit : Office de tourisme, place Bellecour

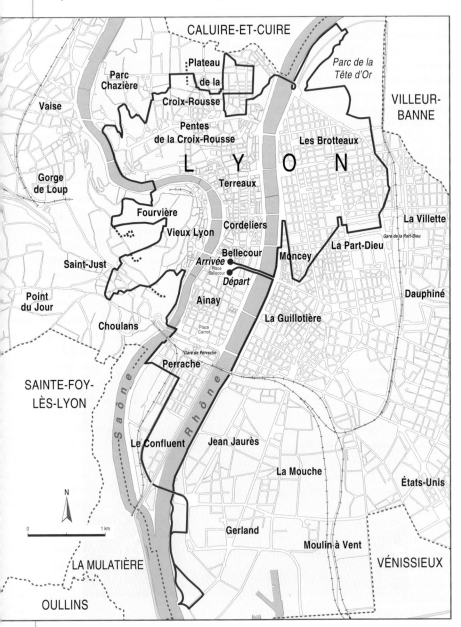

L e circuit du *Grand Tour de ville* vous fera découvrir toutes les facettes de la métropole rhône-alpine. Quittez la place Bellecour et traversez le pont de la Guillotière pour atteindre par le paisible chemin des Berges l'extrémité sud du parc de Gerland sur la rive gauche du Rhône. Après une courte boucle dans ce quartier au passé industriel, et qui résonne désormais des clameurs des supporters de l'Olympique Lyonnais, revenez à Perrache en longeant la Saône alanguie où des péniches fleuries sont amarrées. Dès lors il ne faut pas ménager sa peine : la première ascension vous fait grimper à Fourvière, le *forum vetus* où Munatius Plancus fonda en 43 avant J.-C. la colonie romaine qui devint la capitale des Gaules. C'est « la colline qui prie », dominée par sa basilique érigée à la fin du XIXe siècle et consacrée à la vierge Marie qui protége la ville. Dégringolez ensuite sur les bords de Saône pour remonter sur le plateau de la Croix-Rousse « la colline qui travaille » dont l'histoire est liée à celle des ouvriers de la soierie, les canuts, qui firent retentir le plateau du bruit caractéristique de leurs 60 000 métiers à tisser, les bistenclaques. Redescendez sur les bords du Rhône, fougueux « Dieu conquis par les hommes ». Traversez le pont Winston-Churchill et longez les berges alluviales de la rive gauche, les « lônes », jusqu'à la Cité internationale, symbole de l'ambition moderniste de la ville. Accordez-vous une halte réparatrice dans le parc de la Tête-d'Or avec sa roseraie, son lac et sa savane africaine, puis parcourez le quartier résidentiel des Brotteaux. Faites vos emplettes parmi les 260 boutiques du centre commercial de la Part-Dieu et dégustez huîtres et « cochonnailles » aux halles de Lyon vouées au culte du « bien manger ». Après avoir humé les senteurs orientales et épicées du quartier cosmopolite et animé de la rue Moncey, longez la préfecture pour terminer votre périple sur la promenade des berges du Rhône et revenir place Bellecour.

Vue depuis le belvédère de l'Abbé-Larue. *Photo J. L.*

Première étape : Gerland

1 De la place Bellecour au pont Pasteur par la rive gauche du Rhône 3,8 km

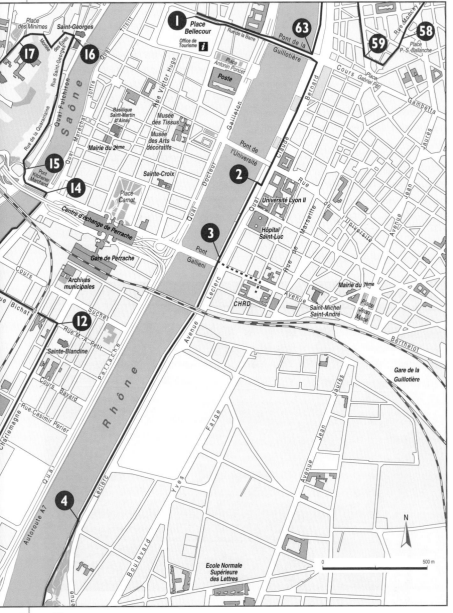

La place Bellecour (6 ha) est l'une des plus grandes d'Europe. La statue équestre de Louis XIV, réalisée par le sculpteur Lemot, est venue remplacer en 1825 celle détruite sous la Révolution. Les statues du Rhône et de la Saône, dues aux ciseaux des frères Coustou, originaires de Lyon, ont retrouvé leur place de chaque côté du piédestal.

Hôtel-Dieu vu de la place Raspail. *Photo J. L.*

➊ Quitter la place Bellecour par la rue de la Barre en face de la sortie nord du métro. Traverser le pont de la Guillotière puis tourner à droite quai Claude-Bernard. Longer les grilles du centre nautique, dépasser la place Ollier (statue symbolisant la pensée) puis l'université Lyon III – Jean-Moulin (ancienne faculté de droit) et le pont de l'Université, bel exemple d'ouvrage métallique du début du XXe siècle.

➋ Peu après le pont, en face de l'université Lyon II – Lumière, descendre sur le bas-port pour le suivre désormais jusqu'au parc de Gerland.
Atteindre le pont Gallieni.

▶ Au niveau du pont Gallieni, un escalier permet de remonter sur le quai Claude-Bernard ; à 150 m à gauche, 14 avenue Berthelot : le Centre d'histoire de la résistance et de la déportation (voir double page suivante).

➌ Passer sous le pont Gallieni. Poursuivre sur la berge, sous le pont de la voie ferrée. Ici, le calme contraste avec le trafic intense de la voie express de la rive droite du Rhône. Dépasser la halte fluviale (sous la station service).

➍ Continuer dans le parc des Berges-du-Rhône pour parvenir au pont Pasteur.

Pêcheur sous le pont Gallieni. *Photo J. L.*

« Lyon, capitale de la Résistance... »

Ce sont les propres mots que prononça le général de Gaulle lors de sa visite à Lyon en septembre 1944, après la libération de la ville.

Il est évident que le rôle joué par la ville de Lyon dans l'organisation de la Résistance entre 1940 et 1944 justifie ce constat qui prit corps après l'armistice, lorsque débuta la résistance contre l'occupant. Lyon s'est retrouvée la plus grande ville de la zone libre et, grâce à cette semi-liberté, des rencontres et des réunions ont pu avoir lieu qui ont permis l'organisation et le développement de mouvements de résistance. Néanmoins, Lyon fut occupée deux fois par les Allemands : du 19 juin au 7 juillet 1940 et, plus durablement, du 11 novembre 1942 au 2 septembre 1944.

Dès le début de l'occupation, les imprimeries clandestines se mirent à presser tracts, affiches, faux papiers et même des périodiques dont trois titres et leurs initiateurs donnèrent naissance aux principaux mouvements de résistants : *Combat* (André Bollier, Henry Frenay, Berthie Albrecht), *Franc-Tireur* (J.-P. Levy) et *Libération* (Emmanuel d'Astier de la Vigerie, Lucie Aubrac, Jean Cavaillès). C'est aussi à Lyon qu'est né *Le Coq Enchaîné*. Les Jésuites établis à Fourvière ont lancé le journal *Témoignage chrétien* qui a réveillé tant de consciences. Quant au *Progrès*, journal le plus lu à Lyon avant guerre, il devint un vivier de résistants.

C'est en octobre 1941 qu'ayant rejoint de Gaulle à Londres, Jean Moulin, ex préfet, révoqué par le gouvernement de Vichy, fut chargé d'unir les mouvements de résistance français du sud. Parachuté en Provence en janvier 1942, il installe sa base à Lyon et constitue les MUR (Mouvements unis de la Résistance). Il réalise la même opération au nord de la France et devient le 27 mai 1943 le chef du Conseil national de la Résistance (CNR). Avec l'invasion de la zone libre, le 11 novembre 1942, la Gestapo investit Lyon et installe son quartier général au n° 14 de l'avenue Berthelot, dans les bâtiments de l'École de santé militaire qui fut détruite le 26 mai 1944 lors d'un bombardement où plus de 200 tonnes de bombes tuèrent aussi près de 700 civils. Cet emplacement abrite aujourd'hui le Centre d'histoire de la résistance et de la déportation.

Fin 1942, Klaus Barbie arrive à Lyon avec pour mission « la répression des crimes et délits politiques, la chasse aux réfractaires et aux juifs » mais surtout pour démanteler les réseaux de la Résistance. La Gestapo et la milice française se livrent alors à une violente répression. De ces nombreux clandestins, jeunes ou d'âge mûr, toujours terroristes pour leurs poursuivants, longue sera la liste des acteurs anonymes filés, arrêtés, torturés, exécutés, même si certains survécurent à cette épopée.

Journaux sous l'Occupation. Photo CHRD.

Suite à une dénonciation, le « boucher de Lyon », surnom de Barbie, capturera « Max » alias Jean Moulin, le 21 juin 1943 dans une maison à Caluire. Emprisonné au fort de Montluc, torturé durant deux jours, il meurt pendant son transfert en Allemagne. En mars 1944, Alban Vistel, responsable militaire de la région fera paraître un nouveau journal clandestin (*La Marseillaise*) journal des Mouvements unis de la Résistance. Il prouvait bien l'unification réalisée par Jean Moulin dont les cendres reposent au Panthéon à Paris.

Après le débarquement de Provence, en août 1944, les troupes françaises et américaines remontent vers le nord. Afin de les ralentir, les Allemands incendient les gares de Perrache et des Brotteaux avant de faire sauter, le 2 septembre 1944, veille de la libération de la ville, tous les ponts du Rhône et de la Saône, excepté le pont de l'Homme-de-la-Roche et la passerelle Saint-Vincent dont les charges furent désamorcées par un courageux résistant. Le lendemain, le 3 septembre 1944, à 8 h 30, le commandant des FFI, Mary-Basset, accueillera les troupes de la 1re division de la France libre à l'hôtel de ville, dans la Presqu'île d'une ville désertée par l'occupant.

En plein centre de Lyon, place Bellecour, s'élève un monument cher aux Lyonnais : *Le Veilleur de pierre*. Il se dresse sur le lieu de l'exécution de cinq jeunes résistants, différents par le milieu social, l'idéologie et la religion, ramassés dans la prison de Montluc, abattus le 27 juillet 1944 pour un attentat qu'ils n'avaient pas commis. Ces cinq hommes représentent symboliquement l'engagement et le sacrifice de tous ceux qui, à Lyon, ont combattu contre le nazisme.

Le Centre d'histoire de la résistance et de la déportation

Ce Centre d'histoire de la ville de Lyon est destiné à rappeler aux visiteurs que l'Histoire continue et que celle d'hier, malgré ou à cause de son horreur, doit nous aider à préparer celle de demain. Ici, on ne nous propose pas des images d'Épinal. Le nazisme et sa barbarie organisée, présentés dans des photos et des vidéos, provoquent notre émotion et sollicitent notre attention car l'émotion ne suffit pas. Des textes viennent éclairer les images.

Ce Centre se trouve dans les bâtiments où Klaus Barbie, de juin 1943 à juin 1944, fit torturer des centaines de victimes. Le 26 mai 1944, un violent bombardement américain les détruisit en partie. Dans les caves du bâtiment se trouvaient des cachots qui ont vu passer des juifs et des résistants, dont Jean Moulin. Ces caves sont utilisées aujourd'hui pour des expositions temporaires qui viennent rappeler aux visiteurs que la bataille pour les Droits de l'homme n'est pas terminée.

Hall du Centre d'histoire de la résistance et de la déportation. *Photo CHRD.*

Première étape : Gerland
2 Du pont Pasteur à la place Antonin-Perrin par le parc de Gerland 3,3 km

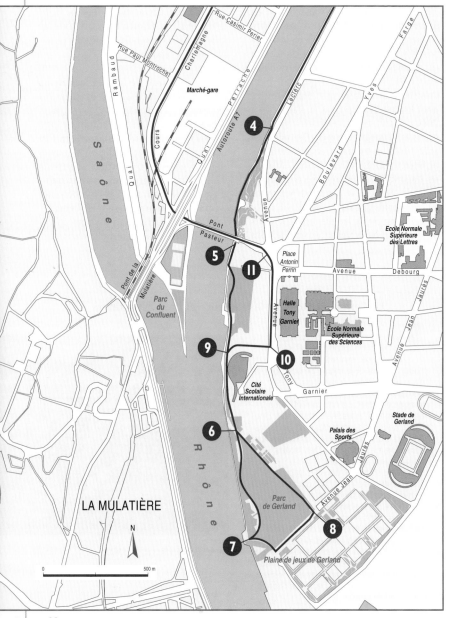

Parc de Gerland. *Photo J. L.*

—❺ Passer sous le pont Pasteur et continuer de suivre la berge du Rhône. Longer les bâtiments de l'Agence de l'eau (cale de mise à l'eau) **puis de la Cité scolaire internationale** (long bâtiment de verre en forme de S).

—❻ Aborder le parc de Gerland par « l'entrée du Rhône ». Ce parc de vingt hectares, inauguré en 2000, est consacré aux loisirs, aux activités sportives et à la découverte de la nature.
Continuer le long du Rhône jusqu'à l'extrême limite sud du parc. Au passage, observer un ensemble d'étranges sculptures en roseaux en forme d'énormes gouttes.

—❼ Tourner à gauche au bout du parc.
Passer à proximité de la tour du Service de la navigation et tourner à gauche dans la large allée prolongeant l'avenue Jean-Jaurès.

—❽ Tourner de nouveau à gauche et revenir par l'allée des fleurs le long de la « Mégaphorbiaie », jardin promenade bordé de canaux, qui invite le promeneur à découvrir l'évolution, au fil des saisons, de végétaux cultivés en ligne, comme dans les pépinières de production.
Passer devant la Maison des fleurs, le « skate parc », la brasserie du Parc et les bâtiments du laboratoire Aguettant (mur peint).
Sortir du parc de Gerland par votre accès d'arrivée, « l'entrée du Rhône », et longer à nouveau les bâtiments de la Cité scolaire internationale.

La « Mégaphorbiaie ». *Photo J. L.*

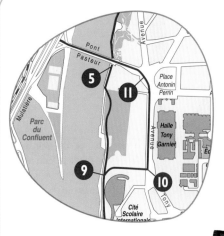

—9 Tourner à droite place de Montréal, passer entre la Cité scolaire internationale et l'Agence de l'eau et arriver sur la large avenue Tony-Garnier.

M En tournant à droite, station de métro Stade de Gerland à 500 m.

—10 Tourner à gauche et longer la halle Tony-Garnier. Arriver place Antonin-Perrin d'où l'on peut contempler la façade de la halle Tony-Garnier et, à côté, l'École normale supérieure de sciences.

B Le bus n° 32 permet de retourner au centre d'échange de Perrache.

L'Olympique Lyonnais

Le foulard de l'OL. *Photo J. L.*

F ondé en 1899, l'Olympique Lyonnais, l'OL, est présidé par un ténor de l'industrie lyonnaise dans le domaine du tertiaire, Jean-Michel Aulas président de la CEGID. Pour les besoins de la Coupe du monde de 1998, le stade de Gerland a été transformé pour accueillir 45 000 supporters. De 2002 à 2008, l'équipe s'est arrogée sept titres successifs de champion de France en Ligue 1 et le Trophée des champions. Il ne reste à cette valeureuse équipe qu'à s'octroyer la même notoriété au plan européen. Le centre de formation de l'OL, réputé pour ses résultats, est le fruit d'une rigueur sans égale et est devenu un creuset pour la plupart des footballeurs de renom. Il compte 375 licenciés dont 140 jeunes en section « sport études ». La qualité de l'entraînement dans la scolarité permet d'atteindre un taux de réussite au baccalauréat de 90 %.

Gerland

L e quartier de Gerland a subi au cours des siècles de profondes mutations. Au cours du XIXe siècle, l'endiguement du Rhône et la construction de la voie ferrée ont favorisé le développement d'usines métallurgiques et chimiques sur ce qui n'était auparavant que de vastes terres inondables. À partir des années 1980, la mutation du quartier s'est accélérée ; il est devenu en quelques années un lieu agréable et diversifié : grandes écoles (Cité scolaire internationale, ENS sciences et lettres), laboratoires de recherche (Pasteur, Mérieux, etc.), équipements sportifs et de loisirs (le stade de football, le palais des sports qui accueille le Grand Prix de tennis de Lyon) et la grande prairie de dix-sept hectares du parc de Gerland.

La chimie et la pharmacie en région lyonnaise

Immeuble Sanofi-Pasteur. *Photo J. L.*

Quatre activités industrielles déjà implantées dans la région, la soie et l'industrie textile, la photographie, l'industrie hydro-électrique et l'armement sont à l'origine du développement de la chimie et de la pharmacie, initié autour de noms célèbres, tels que Gall, Gillet, Grignard, Kuhlmann, Mérieux, Perret, Poulenc, Verguin, etc. Lorsqu'on parle de chimie-pharmacie, il est difficile de dissocier l'agglomération lyonnaise de la région Rhône-Alpes. Brièvement, on peut dire que 60 % de l'activité régionale est située sur l'agglomération lyonnaise, de Neuville à Givors, avec environ 14 000 salariés. Aujourd'hui, cette activité est centrée autour de quatre grands groupes industriels, où chimie et pharmacie sont souvent très imbriquées. Arkema, ancienne filiale du groupe pétrolier Total est l'héritière de la Société d'électrochimie, créée en 1889, et de la fusion de la Société des frères Perret et de la Société Saint-Gobain, au début du XIXe siècle. Rhodia et Sanofi-Aventis sont les héritières, au début du XXIe siècle, de la Société Rhône-Poulenc. Enfin, Bayer, est l'héritière de l'activité agrochimique de Rhône-Poulenc. On peut constater que le paysage identitaire a bien changé en l'espace de cent cinquante ans !

Les grandes productions de la chimie de cette agglomération sont essentiellement :
– le phénol, intermédiaire pour l'agrochimie, les colorants, la photographie (hydroquinone), la pharmacie (acide acétylsalicylique ou Aspirine),
– le chlore et ses dérivés (chlorates), pour les agents de blanchiment, la fabrication du PVC (exemple : les huisseries pour le bâtiment), l'armement.
– un produit de grand usage : l'acide sulfurique, qui intervient comme catalyseur dans le raffinage, pour produire des engrais, pour conduire aussi à l'acide fluorhydrique et ses dérivés organiques (résines fluorées), etc.
– la chimie du silicium avec les silicones et leurs nombreuses applications sous formes d'huiles, de résines, d'additifs divers pour le bâtiment, la silice ultra pure, utilisée aussi bien pour la fabrication des dentifrices que pour la fabrication des pneumatiques « verts ».
– un autre pan important de cette industrie est celui de l'électrochimie avec la production du couple chlore-soude et d'un sous-produit, l'hydrogène, lui-même pouvant conduire par exemple à la fabrication des pierres synthétiques (à haute température, en réaction avec l'alumine).

L'industrie pharmaceutique qui s'articule autour de Sanofi-Aventis, de Merck, est riche en produits de grand renom, et le pôle vaccin de Sanofi-Pasteur se positionne à l'échelle mondiale.
Rhône-Alpes est la première région de production chimique en France, avec 15 % des ventes, 15 % des emplois, 20 % des effectifs en R&D et 25 % des dépenses de recherche.

Première étape : Gerland

3 De la place Antonin-Perrin au pont Kitchener-Marchand $\boxed{\text{3,9 km}}$

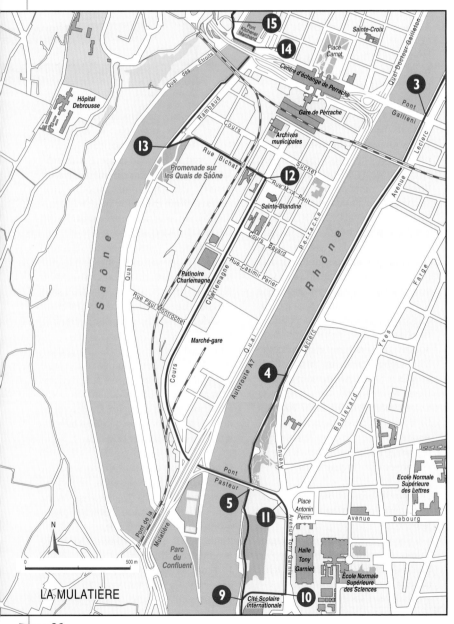

─⑪ Quitter la place Antonin-Perrin, tourner à gauche, longer l'immeuble Sanofi puis traverser le Rhône sur le trottoir nord du pont Pasteur. Traverser sous le pont de l'autoroute pour emprunter le cours Charlemagne jusqu'à la rue Bichat.

─⑫ La prendre à gauche pour rejoindre les quais.

─⑬ Atteindre la « Promenade sur les quais de Saône » et continuer le long de la rivière où sont amarrées de nombreuses péniches d'habitation fleuries et même une péniche chapelle où est célébré annuellement le pardon des Mariniers (belle vue à l'ouest sur l'hôpital Debrousse et le fort Saint-Irénée). **Passer sous les ponts du chemin de fer puis de l'autoroute et arriver au pont Kitchener-Marchand.**

▶ En tournant à droite avant le pont, on peut rejoindre, par le cours de Verdun, le centre d'échange de Perrache : gare SNCF, métro, bus, tramway, parking. Au passage, admirer la belle porte d'entrée en bois incrusté d'étain du siège de la SNCF et la marquise Art-déco de l'entrée de l'hôtel Château-Perrache.

─⑭ Traverser la Saône par le pont Kitchener-Marchand. « Deux valeureux officiers : l'un français, le capitaine Marchand né à Thoissey (Rhône), l'autre anglais, lord Kitchener qui lors de la rencontre de Fachoda en 1898 ont su par leur « haut esprit chevaleresque » épargner la guerre à nos deux peuples ».

Péniches en bord de Saône. *Photo J. L.*

Deuxième étape : Fourvière

Du pont Kitchener-Marchand à la passerelle de l'Homme-de-la-Roche

5,5 km

Péniche amarrée quai du Maréchal-Joffre. *Photo J. L.*

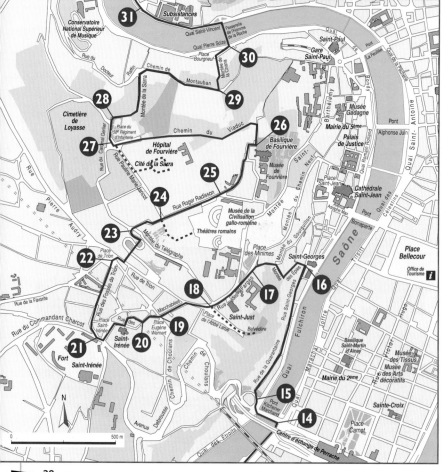

Du pont Kitchener-Marchand à la place des Minimes   1,2 km

─⓯ Quitter le pont Kitchener-Marchand et traverser le quai Fulchiron. Le long des piliers de la rampe circulaire d'accès au tunnel de Fourvière, emprunter la rue de la Quarantaine. Remarquer à gauche, sur le flanc de la colline, la muraille des remparts édifiés au xixᵉ siècle sur l'emplacement de l'ancienne enceinte du xivᵉ siècle.

Continuer par la rue Saint-Georges encore pavée. Les artisans des métiers d'art sont toujours présents : ébénisterie, mosaïque, tissage, reliure et constructeur d'automates (au n° 100 : palais des Automates).

Aller jusqu'à la place de la Commanderie pour voir l'église Saint-Georges. De style néo-gothique flamboyant du milieu du xixᵉ siècle, elle conserve à son chevet quelques éléments de l'église primitive élevée ici en 550 puis restaurée sous Charlemagne et occupée au Moyen Âge par les chevaliers de Malte. Sur la rive opposée de la Saône, la synagogue de Lyon, construite en 1864 sur l'emplacement d'un ancien grenier à sel, est enchâssée entre les immeubles.

─⓰ Revenir légèrement sur ses pas pour prendre à droite la montée des Épies (épies signifiaient : lotissements). Remarquer le caniveau central qui permet l'écoulement de l'eau lors des orages violents.

En haut des escaliers, déboucher montée du Gourguillon et emprunter à gauche ce qui était jadis la « grande » artère où circulaient les transports en direction du Forez et de l'Auvergne.

Arriver place des Minimes.

M Place des Minimes : station intermédiaire du funiculaire Saint-Jean – Saint-Just.

La montée des Épies. *Photo J. L.*

De la place des Minimes
à la place de Trion 1,3 km

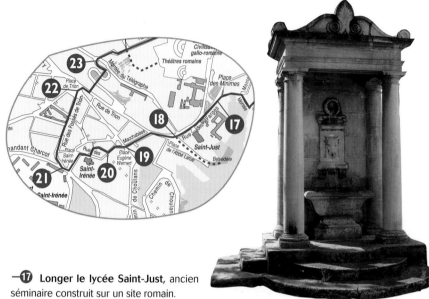

La fontaine du Taurobole. *Photo J. L.*

—17 Longer le lycée Saint-Just, ancien séminaire construit sur un site romain.
Continuer rue des Farges en admirant à gauche la façade (1704) de l'église Saint-Just, reconstruite en 1662 par les chanoines de Saint-Just à la suite de sa démolition par les troupes protestantes du baron des Adrets en 1562. En face, signalées par un panneau, les ruines de thermes romains. **Parvenir place de l'Abbé-Larue.**

▶ En tournant à gauche, on peut aller (à 200 m) jusqu'au jardin des Curiosités (don de la ville de Montréal) où le belvédère offre une belle vue sur la ville et le confluent.

—18 Continuer de monter la rue de Trion et emprunter à gauche la rue des Macchabées.
À l'angle de ces deux rues, sur le trottoir de droite, un monument portant un dauphin indique la limite Lyon – Dauphiné.
Admirer le mur peint reproduisant une scénographie datant de 1550 qui représentait les bâtiments capitulaires où logea en 1245

le pape Innocent IV. Voir en face, au n° 19, le puits du chapitre de Saint-Just, la fontaine du Taurobole, la maison du Bœuf-Couronné et la porte cochère de l'Obéance (l'obéancier était le principal dignitaire du chapitre) et au n°19ter la tour Bellièvre (1488) et la crypte de l'église Saint-Irénée (ouverte le samedi après-midi).
Continuer 50 m au-delà, jusqu'au carrefour du chemin de Choulans.

—19 Arriver place Eugène-Wernert. Les mausolées réimplantés ici, et datés de l'époque julio-claudienne, ont été découverts en 1885 place de Trion lors de la construction du chemin de fer de Vaugneray.
Continuer rue des Macchabées.

─**⑳** Tourner à droite dans la petite rue Vide-Bourse (pavée) pour déboucher rue Saint-Irénée face à l'église Saint-Irénée. Tourner à gauche place Saint-Irénée et remonter jusqu'au fort Saint-Irénée.

Construit entre 1831 et 1841, il abrite une résidence universitaire et l'École nationale supérieure des arts et techniques du théâtre.

Le site de Saint-Irénée

À l'époque gallo-romaine, il se trouvait hors des limites de Lugdunum, à l'intérieur d'une grande nécropole. Une basilique y fut construite dès le Vᵉ siècle. Elle comportait déjà une crypte, vouée au culte des martyrs de Lyon, où reposaient depuis le IIᵉ siècle les trois saints : Irénée, Alexandre et Épipode. Les édifices actuels datent du XIXᵉ siècle. L'église,

maintes fois reconstruite, date de 1838 et comporte une belle série de vitraux. À gauche de l'église, le calvaire de Lyon (1814 -1817) était la dernière étape d'un chemin de croix urbain qui partait de l'église Sainte-Croix (près de Saint-Jean). Ses trois croix et ses statues sont en marbre blanc de Carrare.

Le calvaire de Lyon.
Photo J. L.

─**㉑** Emprunter la rue des Fossés-de-Trion jusqu'à la place de Trion (son nom vient du fait qu'elle bordait les trois voies : Aquitaine, Narbonnaise et Roannaise). Sur la place se dresse une fontaine en calcaire du Bugey dont le chapiteau est gravé en l'honneur de l'empereur Claude né à Lyon en 10 avant J.-C.

M Par la rue de Trion, à 250 m de la place, station terminus du funiculaire qui permet de regagner Saint-Jean et la place Bellecour.

Au VIᵉ siècle avant Jésus-Christ, la tribu gauloise des Segusiaves s'implante sur les pentes de la Croix-Rousse au confluent du Rhône et de la Saône. Pacifiques bateliers et pêcheurs, ils créent le bourg de Condate (en langue celtique, Condate signifie confluent).

En 58 avant J.-C. (– 58) les romains pénètrent en Gaule, sous le commandement de Jules César. Ce dernier, vainqueur de Vercingétorix en – 52, établit une colonie romaine à Vienne sur le territoire des Allobroges et installe sur la colline de Fourvière un camp retranché où, en – 43, les romains chassés de Vienne se réfugieront.

En 43 avant J.-C. (– 43), sur ordre du sénat romain, Lucius Munatius Plancus, proconsul romain, ancien lieutenant de César assassiné en – 44, fonde sur la colline de Fourvière une cité romaine qu'il nomme Lugdunum (colline de la lumière : lugdunum)

Le théâtre romain. *Photo J. L.*

À partir du règne de l'empereur Auguste, l'agglomération lugdunienne connaît, en moins d'un siècle, un grand développement autour de trois sites :

• Sur la colline de Fourvière, la ville romaine avec son forum, véritable centre administratif, son théâtre construit en – 15 (prévu pour 5 000 spectateurs, agrandi en 119 pour recevoir 10 000 spectateurs), joyau de l'art gréco-romain, son odéon, de nombreux temples, des casernes, des thermes, de luxueuses villas dont celles de l'empereur et du gouverneur de la cité. Sur le plateau de la Sarra, au début du IIᵉ siècle, un deuxième forum sera construit, le *forum novum*.

• Sur les pentes de la Croix-Rousse, la ville gauloise de Condate où l'empereur fait élever en – 19 l'amphithéâtre des Trois Gaules destiné aux combats de gladiateurs et (ou) de fauves, ainsi que le sanctuaire fédéral destiné à recevoir l'autel dédié à Rome et à Auguste. Dans ce sanctuaire, chaque 1ᵉʳ août, l'empereur convie les délégués des soixante tribus gauloises à se réunir et à l'honorer.

• Dans les îles du Rhône appelées îles de Canabae, la ville marchande où les négociants en vin et les nautes construisent d'immenses entrepôts et de belles

Coupe de l'aqueduc. *Photo M. B.*

villas. Sur les berges de la Saône, se développent les ateliers de potiers dont les produits sont diffusés dans une grande partie de la Gaule.

On doit à Auguste l'installation d'un atelier monétaire et d'une cohorte urbaine. En – 12, l'empereur Auguste déclare Lugdunum « capitale des Trois Gaules » à savoir la Lyonnaise, la Belgique et l'Aquitaine. Il décide en outre d'en faire le « grenier de Rome » estimant la vallée du Rhône plus fertile que celle du Nil.

Il charge son gendre Agrippa d'y établir le départ de cinq grandes voies romaines : voie du Rhin, voie de l'Océan, voie d'Italie, voie d'Aquitaine, voie de la Narbonnaise.

Pour alimenter l'agglomération en eau, Agrippa fait construire le premier aqueduc, celui d'Yzeron, dans les monts du Lyonnais.

La ville de Lyon est redevable à Claude (petit-neveu d'Auguste, né à Lyon en – 10) des nombreux privilèges dont cet empereur l'a gratifiée. En 48, il y a notamment prononcé un discours célèbre, transcrit sur un document en bronze, la table claudienne, qui accorde aux Gaulois, ayant acquis la nationalité romaine, l'accès au sénat romain.

Au début du IIe siècle, la ville compte 20 000 habitants. Elle est florissante. L'aqueduc du Gier, au départ du mont Pilat, long de 75 km, est édifié.

En 177, sous le règne de Marc-Aurèle, a lieu le martyre des premiers chrétiens.

Amphithéâtre des Trois-Gaules. *Photo J. L.*

En 197, Septime Sévère fait investir la ville par ses légionnaires pour punir les Lugduniens d'avoir pris le parti d'Albin, son concurrent, dans la compétition pour le pouvoir.

En 293, alors que s'amorcent le déclin et la décadence romaine, la capitale des Gaules est transférée à Trèves.

En 470, les Burgondes occupent Lugdunum et en font leur résidence royale.

En 500, Clovis, roi des Francs est vainqueur des Burgondes.

Au cours des VIe et VIIe siècles, sous la dynastie des Mérovingiens, le rôle de Lyon est médiocre.

En 800, la ville est assiégée et envahie par les Sarrazins. Le forum romain est détruit et la colline devient un champ de ruines d'où viendra le nom des Antiquailles.

Rue de Lugdunum.
Photo M. B.

De la place de Trion à la basilique de Fourvière

1 km

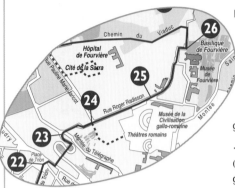

▶ Au n° 23 rue Roger-Radisson (en face de la rue Pauline-Jaricot) le jardin de la Visitation permet de descendre sur le site du parc archéologique de Fourvière.

—㉔ Poursuivre dans la rue Roger-Radisson jusqu'à la rue Cléberg.

▶ À 75 m à droite : le musée de la Civilisation gallo-romaine.

—㉕ Continuer la rue Roger-Radisson (nombreux foyers et congrégations religieuses) **pour déboucher place de Fourvière en face de la basilique. Se rendre sur l'esplanade à gauche de la basilique** pour jouir de la magnifique vue sur la ville et ses alentours. Il arrive même que l'on puisse voir le mont Blanc et les Alpes… Mais attention, les Lyonnais vous le diront : ce n'est pas un bon présage… il va pleuvoir à bref délai !

M En face de la basilique : station terminus du funiculaire qui permet de regagner Saint-Jean et la place Bellecour.

—㉒ Quitter la place de Trion par la rue de Trion. Après 30 m, emprunter à gauche la montée de Loyasse qui coupe la rue Jean-Prévost puis deux virages de la rue du Cardinal-Gerlier. En haut de la montée, tourner à gauche pour aller jusqu'au carrefour.

—㉓ S'engager rue Roger-Radisson. Remarquer les vestiges de l'un des quatre aqueducs du Gier, ensemble hydraulique le plus important du monde après celui de Rome, qui alimentait Lugdunum en eau depuis le Pilat.

Le musée de la Civilisation gallo-romaine

Le musée de la Civilisation gallo-romaine regroupe l'ensemble des antiquités romaines retrouvées au fil du temps dans la ville de Lyon et ses environs, dont les célèbres tables claudiennes, trouvées en 1528 au bas de la Croix-Rousse, et le Calendrier gaulois. Adossé à un mur accroché à la colline, le bâtiment a été ensuite recouvert de terre aux quatre-cinquièmes de sa hauteur, ne laissant émerger que le niveau supérieur en prolongement du talus de végétation qui domine le théâtre

Le théâtre romain et le musée Gallo-romain. *Photo M. B.*

romain. La visite se fait en descendant insensiblement par un plan incliné long de 320 mètres, qui s'enroule autour de puissants piliers et donne accès latéralement aux salles d'exposition.

La basilique de Fourvière

L'ensemble ecclésial de Fourvière comprend trois édifices : la chapelle de Notre-Dame de Fourvière, construite en 1168, sur le clocher de laquelle culmine

La basilique de Fourvière. *Photo M. C.*

la vierge dorée, la chapelle dédiée à saint Thomas Becket, construite en 1170 et la basilique de Fourvière.

Au cours de leur histoire, les Lyonnais, lors de situations difficiles, se sont tournés vers la Vierge de Fourvière. Ainsi plusieurs vœux ont été exaucés : le vœu des recteurs de l'Aumône générale ou vœu du Scorbut en 1638, le vœu des échevins lyonnais ou vœu de la Peste en 1643, le vœu du Choléra en 1832, et le vœu de 1870 afin que les troupes prussiennes n'entrent pas dans la ville et dont la construction de la basilique est l'accomplissement.

Inaugurée le 16 juin 1896, la basilique offre un ensemble harmonieux de tous les styles, du style antique au style byzantin et oriental, du style roman au style gothique.

Les « ficelles »

Cinq lignes de funiculaires, que les Lyonnais appellent « ficelles » (entraînement par câbles), ont été construites à Lyon.

La première, datant de 1862, reliait la rue Terme au boulevard de la Croix-Rousse. La deuxième ligne, construite sur la butte de la Croix-Rousse, a été mise en service en 1891. Elle est devenue la ligne C du métro en 1978.

Le premier funiculaire permettant de gravir les pentes de la colline de Fourvière fut inauguré en 1878 entre Saint-Jean et Saint-Just. En 1900, deux autres lignes ont été construites pour relier Saint-Jean à Fourvière et la gare Saint-Paul à Fourvière. Cette dernière servait à

amener les cercueils depuis la ville jusqu'à une ligne de tramway de 800 m entre Fourvière et le cimetière de Loyasse, au moyen d'une remorque corbillard. En effet, en raison de la pente très raide, le cimetière était difficilement accessible aux chevaux.

La ficelle de Saint-Jean à Fourvière fonctionne toujours pour desservir la basilique.

La « ficelle » de Fourvière. *Photo J. L.*

De la basilique de Fourvière
à la passerelle de l'Homme-de-la-Roche | 2 km |

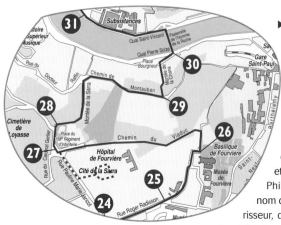

▶ **Traverser la place pour avoir une vue plongeante sur le cimetière de Loyasse.** C'est le plus ancien cimetière de Lyon. On peut y découvrir, entre autres, les tombes d'Édouard Herriot, du peintre Puvis de Chavanne, de l'architecte Tony Garnier et surtout de Nizier-Anthelme Philippe, plus connu sous le nom de mage Philippe, grand guérisseur, dont la tombe est fleurie par des visiteurs venus du monde entier.

26 Par la montée Nicolas de Lange, à gauche de la basilique, aller en direction de la tour métallique surnommée la tour Eiffel de Lyon. Conçue en 1891 par de malicieux anticléricaux, elle dépasse (de 35 m !) le sommet de la basilique ! Elle sert aujourd'hui de relais de télévision.

Pénétrer à gauche de la tour dans le parc des Hauteurs. Le traverser par le chemin du Viaduc. Son tracé correspond à l'ancienne ligne de tramway de 800 m Fourvière – cimetière de Loyasse (voir encadré sur les « ficelles »). Du viaduc des Quatre-Vents, long de 80 m, la vue est remarquable sur Vaise, la vallée de la Saône, la Croix-Rousse et les monts d'Or.

27 Déboucher à La Sarra, sur la place du 158ᵉ Régiment-d'Infanterie. L'ancienne piste artificielle de ski a été reconvertie en parcours de VTT et circuit « Accrobranche ».

La basilique de Fourvière depuis le viaduc des Quatre-Vents. *Photo J. L.*

Le cimetière de Loyasse.
Photo J. L.

▶ En prenant à gauche la rue Pauline-Marie-Jaricot, on pénètre, à 150 m, dans la cité HLM de la Sarra récemment réhabilitée. Ne pas manquer d'aller admirer ses surprenants murs peints « en trompe-l'œil ».

27 Descendre la rue du Cardinal-Gerlier.

28 Emprunter à droite (au premier virage) l'impasse de la montée de la Sarra. Les escaliers dégringolent jusqu'à la rue du Docteur-Rafin. Tourner à droite et parcourir 450 m sur le chemin de Montauban jusqu'au niveau de l'externat Sainte-Marie.

29 Poursuivre la descente par la montée de la Chana (à gauche, avant le portail de l'école privée de Notre-Dame-des-Missions) et déboucher sur la place Bourgneuf en bord de Saône. Tourner à droite sur le quai Pierre-Scize.

▶ Avant de traverser la Saône, aller voir sur le quai, quelques mètres plus loin, enchâssée dans le rocher, la statue de *L'Homme de la Roche* : Jean Kléberger dit le « bon allemand », échevin de Lyon, bienfaiteur des pauvres et des filles à marier.

30 Traverser la passerelle de l'Homme-de-la-Roche.

Montée de la Sarra. *Photo J. L.*

Troisième étape : le plateau de la Croix-Rousse

5 De la passerelle de l'Homme-de-la-Roche au pont Winston-Churchill

6,9 km

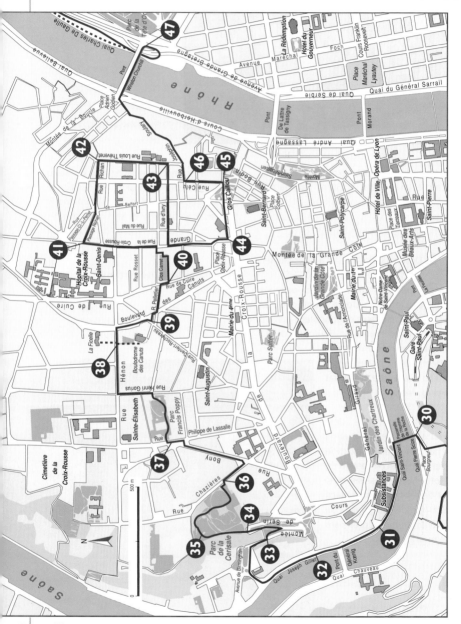

De la passerelle de l'Homme-de-la-Roche au mur des Canuts ┌ 3,8 km ┐

—30 Traverser la Saône. Observer combien le lit de la rivière, coincé entre des parois rocheuses est étroit à cet endroit : c'est l'isthme de Pierre Scize.

Prendre à gauche le quai Saint-Vincent et dépasser la rue de la Muette pour arriver aux Subsistances.

Passer place de la Butte puis devant l'hôtel de la Butte où les arquebusiers s'entraînaient sur des cibles adossées à une butte artificielle : c'est de cette dernière et non de la colline que le site tient son nom.

—31 Passer immédiatement après devant le « Grenier de l'abondance », créé par la municipalité en 1643. On y stockait jusqu'à 16 000 tonnes de blé les saisons de bonne récolte afin de prévenir une éventuelle famine. Après avoir été caserne de gendarmerie, cet énorme bâtiment accueille depuis 1987 la DRAC (Direction régionale des affaires culturelles) et la classe de danse du Conservatoire national supérieur de musique. Le fort Saint-Jean qui le domine est un reste de la ceinture fortifiée construite après 1830.

Les Subsistances

Les religieuses de la Visitation y établirent en 1640 un monastère appelé Sainte-Marie-des-Chaînes à cause de la chaîne qui, à cet endroit, barrait la circulation sur la Saône pendant la nuit. Les bâtiments furent détruits à partir de 1840 et remplacés par les magasins et les ateliers du Service de l'intendance des armées (moulin, boulangerie, chai à vin, etc.). Le tout a été cédé à la Ville qui y a aménagé un lieu d'accueil culturel et de création artistique et la nouvelle école des Beaux-Arts.

—32 Dépasser la montée Hoche. Une plaque rappelle que Napoléon 1er est monté à cheval à la Croix-Rousse, par cet itinéraire, le 25 germinal de l'an 13.

Longer ensuite les immeubles modernes du grand ensemble *Saône – Croix-Rousse* (construit sur l'emplacement de l'ancienne usine de teinture Gillet).

Au rond-point d'accès au tunnel de la Croix-Rousse, tourner à droite, passer place de Serin puis s'engager dans la montée de Serin (mieux connue des Lyonnais sous le nom des « Esses ») sur 100 m.

B Place de Serin, arrêt du bus n° 36 qui traverse le tunnel et ramène à la Part-Dieu.

Les quais de Saône. *Photo J. L.*

Parc de la Cerisaie. *Photo J. L.*

33 Traverser la route (passage piéton) et gravir les escaliers indiqués : « accès Parc Chazière ». Ils débouchent un peu plus haut sur la montée de Serin (dont ils ont coupé un virage). Ne pas traverser la route ni continuer par les escaliers mais prendre à gauche la montée jusqu'au virage suivant.

—34 Après les rails de protection, entrer dans le parc Chazière (ou parc de la Cerisaie).

Le parler lyonnais

Même s'il possède une expressivité et une saveur qui font son charme, le parler lyonnais n'est pas une sorte d'argot ou de langue populaire. Son origine remonte à la latinisation particulière de l'ancienne Lugdunum et aux choix qui ont été faits par nos ancêtres, notamment dans le vocabulaire, quand les romains sont arrivés.

Ainsi les mots *caton* « grumeau », *fayard* « hêtre », *vogue* « fête foraine » ou encore *radée* « averse violente », mots bien connus à Lyon, sont issus pour la plupart de la langue latine, comme la majorité des mots français. Ils nous rappellent que, à Lyon, jusqu'à la Révolution, et encore aujourd'hui dans les campagnes environnantes, on a utilisé un patois transmis oralement depuis des générations. Ce parler, comme la majorité de ceux qui sont encore employés dans la région Rhône-Alpes, appartient à un ensemble dialectal qui, entre la langue d'oïl au nord et la langue

d'oc au sud, constitue le domaine franco-provençal. Certains mots pittoresques comme *bambaner* « se promener », *chenu* « agréable, charmant », *mâchon* « bon repas », *rapiat* « avare », *vigoret* « plein de vigueur » sont nés dans le milieu des canuts. Quelques-uns d'entre eux évoquent le monde de la soierie lyonnaise au XIXe siècle comme *bistenclaque* « bruit du métier à tisser », *banque* « comptoir du soyeux » ou *trancaner* « dévider la soie ».

D'autres mots évoquent des réalités propres à Lyon comme *traboule* « allée qui traverse un pâté de maisons d'une rue à une autre rue », *abat-jour* « store extérieur à larges lamelles de bois ». C'est particulièrement vrai dans le domaine de la gastronomie lyonnaise avec des mots comme *bugne*, *grattons*, *tablier de sapeur* ou *salade de clapons*.

Aujourd'hui, ces mots sont malheureusement en train de disparaître. Essayer de les conserver, c'est œuvrer pour la conservation de l'identité lyonnaise.

Le parc de la Cerisaie est ouvert en été de 7 h à 21 h. Acquis par la ville de Lyon en 1976, ce domaine appartenait à la puissante famille de teinturiers Gillet dont l'usine était située en contrebas.

Dans le parc, prendre l'allée la plus à gauche (vers les barres parallèles du parcours de santé) et suivre le parcours de santé en longeant la clôture du parc. Remonter le vallon.

—㉟ Découvrir, discrètement dissimulé en haut à gauche, le clos de la « République des Canuts » : 300 pieds de vignes qui, après une vendange solennelle, produisent annuellement plus de 500 « pots lyonnais ». **Continuer jusqu'à la villa Gillet.** De style classique, elle est occupée par diverses associations culturelles.

—㊱ Sortir du parc par l'entrée principale, rue Chazière, en face de la résidence du « Parc de la Croix-Rousse ». Prendre à droite jusqu'au carrefour (le gros ensemble de bâtiments en pierre, en face, est l'ancienne école normale d'instituteurs).
Emprunter à gauche la large rue Bony jusqu'à la rue Philippe-de-Lassalle.

La Croix-Rousse

S on nom vient d'une croix de chemin en pierre dorée de Couzon élevée au XVe siècle sur « le plateau ».
Coincée entre la Saône et le Rhône, la Croix-Rousse constitue une entité à part. À l'origine rurale et viticole, elle n'a été rattachée à Lyon qu'en 1852. Les authentiques Croix-Roussiens disent encore qu'ils « descendent à Lyon » lorsqu'ils se rendent dans « le centre ». Son histoire est intimement liée à celle des ouvriers de la soierie, les célèbres canuts, qui firent retentir la colline du bruit caractéristique de leurs métiers à tisser (le bistenclaque) jusqu'au début du XXe siècle. On distingue le « plateau » (le 4e arrondissement) et les « pentes » (le 1er arrondissement). Pour des raisons de commodité, l'itinéraire que nous allons décrire traverse exclusivement le plateau. Nous vous inviterons dans le circuit suivant à parcourir les « pentes » lorsque vous visiterez la Presqu'île.

Atelier de soierie à la Croix-Rousse. *Photo CDT – P. A.*

—㊲ Tout de suite après le carrefour, entrer à droite dans le parc Popy, du nom de Francis Popy, musicien lyonnais né à la Croix-Rousse. Lors du naufrage du « Titanic », l'orchestre interprétait une de ses valses dont un extrait a été repris dans le film *Titanic*.
Traverser le parc, sortir rue Henri-Gorjus et tourner à gauche. Continuer jusqu'à la rue Hénon et la prendre à droite.

▶ Entre les n° 51 et 49, un passage mène au boulodrome des Canuts. En face, l'immeuble de la « Ficelle » enserre la place Édouard-Charret (au fond à gauche : théâtre Guignol).
Ⓜ Station de métro Hénon.

Du mur des Canuts au pont Winston-Churchill $\boxed{3,1 \text{ km}}$

Tourner à droite puis à gauche dans la **Grande-Rue de la Croix-Rousse.** C'était au XVe siècle la route de l'Allemagne et de la Suisse ; elle conserve la trace d'hôtels et de relais de poste.

Aller jusqu'au **n° 87** de la **Grande-Rue** et essayer de **voir le jardin Rosa-Mir** (ouvert seulement le samedi après midi ; possibilité de l'apercevoir en pénétrant dans l'allée n° 83). Construit de pierres et de coquillages, il est l'œuvre d'un maçon espagnol qui l'avait dédié à sa mère et à la Vierge.

En face, place Joannès-Ambre : le théâtre de la Croix-Rousse.

—**38** **Poursuivre jusqu'au boulevard des Canuts et le prendre à droite. Atteindre le célèbre mur peint des Canuts.** « Le mur des Canuts » retrace la vie quotidienne du quartier autour d'un escalier qui gravit les pentes de la Croix-Rousse. La première impression donnée par cette immense fresque de 1 200 m² (œuvre de la Cité de la création) est saisissante… Cherchez à distinguer ce qui est « réel » de ce qui n'est que « trompe-l'œil » !

—**39** **Prendre en bas du mur à gauche la petite traboule** Jean-Pierre-Corlier (fresque sur le côté droit) **et franchir le boulevard des Canuts. Remonter la rue Pelletier jusqu'à la rue de Cuire.**

—**40** **Traverser le petit jardin du Clos-Carret** qui porte le nom d'un champion de boule du quartier.
En ressortir au fond à gauche par une traboule qui débouche rue Callas.

—**41** **Prendre sur la droite de la place le passage Richan puis la rue Richan.**
▶ Au n° 21 de la rue Richan (1er étage), l'association « Soierie Vivante » maintient en état de fonctionnement un atelier de tissage et de passementerie. Ne pas manquer sa visite.

Rue Célu. *Photo J. L.*

—42 Tourner à droite rue Louis-Thévenet.

—43 Tourner de nouveau à droite rue d'Ivry.

La Maison des canuts, au n° 10 rue d'Ivry (ouverte du mardi au samedi de 10 h à 18 h), est « le conservatoire vivant des savoir-faire de la soierie lyonnaise ».

Traverser la rue du Mail, passer devant le tout petit jardin d'Ivry (fleurs des villes) **pour revenir dans la Grande-Rue de la Croix-Rousse. Tourner à gauche jusqu'à la place de la Croix-Rousse pour arriver au boulevard de la Croix-Rousse.** Sur la place, est érigée la statue de Jacquard, « inventeur du métier pour la fabrication des étoffes de luxe, bienfaiteur des ouvriers en soie ».

Tous les matins (sauf le lundi), un célèbre marché se tient sur le boulevard de la Croix-Rousse. Le plus important est celui du mardi. Au début du mois d'octobre, les forains installent leurs manèges sur le boulevard pour la traditionnelle « vogue » des marrons.

M Sur la place, station de métro Croix-Rousse permettant de retourner en centre-ville.

—44 Emprunter le boulevard à gauche jusqu'au « Gros Caillou », important bloc erratique originaire des Alpes et transporté jusqu'ici par les glaciers il y a cent trente mille ans. La légende prétend que c'est le cœur d'un huissier qui aurait chassé de chez eux une famille de tisseurs en plein hiver. **Descendre et traverser la rue d'Austerlitz au niveau de la place Bellevue.**

—45 Tourner à gauche rue Célu et monter l'escalier au bout de la rue.

—46 Redescendre tout de suite à droite par la rue Joséphin-Soulary. À partir de la rue Louis-Thévenet, elle devient plus étroite et dégringole par de raides escaliers jusqu'aux quais du Rhône que l'on atteint place Adrien-Godien, en face du pont Winston-Churchill. Traverser le pont par le trottoir sud.

Rue Joséphin-Soulary.
Photo J. L.

Lyon et la soierie

En 1466, Louis XI a essayé d'implanter la soierie pour la première fois en France, et en particulier sur le sol lyonnais, mais l'essai fut infructueux faute de subventions.

En 1536, François 1er, conscient de la place de Lyon comme carrefour d'échanges avec les voisins transalpins, et sous l'influence des consuls de Lyon, offre une seconde chance à la ville.

Deux Piémontais, Turquet (Turquetti) et Nariz, apportent leur expérience et ouvrent des manufactures de soie : c'est le début de la Fabrique lyonnaise. Ce privilège octroyé par le roi débouche sur la création de la Corporation des ouvriers « en drap d'or, d'argent, et de soye ». La soierie lyonnaise devient synonyme de qualité et de prestige.

Navettes. *Photo M. C.*

Au début du XVIIe siècle, Claude Dangon perfectionne le métier dit « à la tire » et contribue avec de renommés dessinateurs au rayonnement de la soierie lyonnaise. Hélas, en 1685, Louis XIV révoque l'Édit de Nantes, ce qui provoque la fuite de nombreux fabricants et marchands protestants. Ces derniers s'installent alors en Europe du Nord où ils deviennent de sérieux concurrents. L'activité de la Fabrique lyonnaise connaît alors une période de déclin.

Au début du XVIIIe siècle, Philippe de Lasalle, dessinateur et metteur en carte, s'illustre, particulièrement dans le domaine de l'ameublement, avec des créations et des dessins originaux. De plus, il apporte d'importants perfectionnements au métier « à la tire » qui devient le métier « à la grande tire ». La soierie lyonnaise connaît un nouvel essor et son rayonnement dépasse largement nos frontières.

Pendant la Révolution, la cité lyonnaise se retrouve dans la tourmente : elle a soutenu les girondins contre les montagnards. Elle subit un siège de plus de deux mois à l'issue duquel de nombreux Lyonnais sont fusillés ou guillotinés. Plusieurs riches demeures de la place Bellecour sont détruites sur ordre de la Convention, et un décret stipula : « Lyon fit la guerre à la liberté, Lyon n'est plus ».

Au XIXe siècle, l'industrie de la soie renaît grâce à l'intérêt que lui porte Napoléon Ier, conscient de son impact possible dans le relèvement économique du pays. Pour aider à un nouvel essor, il passe des commandes de tissus de luxe pour le mobilier de l'Empire. De plus, avec les changements de la mode, la fabrique des tissus précieux pour les vêtements se développe. Il protège les fabricants par un décret impérial d'avril 1805. La Condition des soies, chargée du contrôle des soies moulinées, devient un établissement public contrôlé par la Chambre de commerce.

Jacquard est encouragé par l'empereur pour installer le métier qu'il a mis au point. Mais cette nouvelle mécanique, semi-automatique, est d'abord décriée car elle nécessite moins de main-d'œuvre et fait craindre le chômage.

Métier à tisser. *Photo J. L.*

Cette modernisation incite les façonniers à quitter le Vieux Lyon et la Presqu'île où ils exerçaient leurs activités, entassés avec leurs familles dans des logements exigus, mal éclairés et vétustes.

« La commune libre de la Croix-Rousse » située sur le plateau prélève moins de taxes et surtout offre un parc de logements neufs, de qualité, adaptés à l'installation des métiers avec de hauts plafonds renforcés et de vastes fenêtres : les tisseurs assistés de leur famille, de compagnons et d'apprentis travaillent sur deux à cinq métiers dans un même atelier où vie familiale et professionnelle sont mêlées. Les ateliers logis ne comportent souvent qu'une pièce. Ils contiennent d'un côté les métiers, de l'autre un coin cuisine au-dessus duquel une soupente fait office de chambre à coucher. Les « canuts », terme considéré comme péjoratif par les maîtres tisseurs, ainsi désignés, s'établissent dans ce faubourg de Lyon et dans le quartier des Pentes au-dessus de la place Tolozan (rue Royale) et des Terreaux où les riches marchands soyeux sont installés. Pour gagner du temps, ils descendent par des passages, les « traboules », et de nombreux escaliers pour effectuer leurs livraisons.

Ces travailleurs, dont les conditions de travail sont dures, restent solidaires et n'hésitent pas à se soulever. Leur devise est célèbre : « vivre en travaillant ou mourir en combattant ». Après discussion au Conseil des prud'hommes pour obtenir la garantie d'un tarif minimal, et qu'une partie des négociants refusera d'appliquer, c'est la révolte de 1831 dont le retentissement international servira de modèle aux soulèvements ouvriers de l'ère industrielle. Les révoltes successives seront durement réprimées. À l'issue de celle de 1852, il sera décidé de rattacher la Croix-Rousse à Lyon.

La prospérité revient avec le Second Empire. Des travaux d'équipement apportent un meilleur confort : eau courante, chemin de fer, hôpital, funiculaires. L'électricité améliore considérablement le travail des tisseurs.

À l'aube du XXe siècle, le déclin de la Croix-Rousse est inexorable. Les soyeux font construire des usines mieux adaptées aux progrès industriels et ils emploient une main-d'œuvre d'origine rurale plus docile que les canuts.

L'avènement des textiles artificiels porte un coup fatal à la soierie artisanale même si entre les années 1925 et 1950, quelques grands noms de la haute couture tels Patou, Poiret, ou Chanel ont redonné un peu de souffle à la fabrication des tissus de luxe.

Actuellement, la soie naturelle ne représente plus que 1 % de l'activité textile. Quelques soyeux poursuivent et perpétuent la tradition de leur art mais il reste peu d'ateliers maintenus en état de fonctionnement. Par la volonté d'associations comme Soierie vivante et la Maison des canuts, ce patrimoine des métiers de la soie est protégé, mis en valeur et des démonstrations de tissage sont organisées.

Quatrième étape : le parc de la Tête-d'Or, les Brotteaux et la Part-Dieu

6 Du pont Winston-Churchill au lycée du Parc

4,3 km

Sentier du Brétillod. *Photo J. L.*

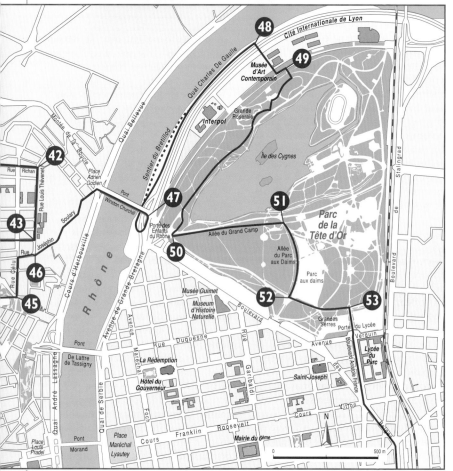

—47 Après avoir traversé le pont, tourner à droite dans l'avenue de Grande-Bretagne. Aller jusqu'aux feux de signalisation (à 80 m) et prendre à angle droit deux passages piétons successifs. Traverser la voie express, descendre la rampe puis traverser la bretelle de sortie de la voie express. Descendre l'escalier en bois et prendre à droite la promenade gravillonnée aménagée en direction de la Feyssine, par le bas-port. Passer sous le pont Winston-Churchill.

▶ Il est possible par temps sec de prendre le sentier du Bretillod dans les « lônes », le long du Rhône (panneaux explicatifs). Il rejoint la promenade aménagée 500 m plus loin (voir tracé en tirets).

Passer devant l'imposant immeuble en verre qu'est le siège d'Interpol.

—48 Monter sur le quai Charles-de-Gaulle en empruntant la deuxième rampe bétonnée en face de la Cité internationale. Se diriger vers le parc de la Tête-d'Or en passant le long du complexe cinématographique UGC puis du musée d'Art contemporain. Ses collections sont axées sur la création actuelle, et il reçoit régulièrement de prestigieuses expositions temporaires (ouvert du mercredi au dimanche, de 12 h à 19 h).

B Devant le musée, le bus n° 4 permet de retourner en centre-ville.

T Le trolleybus C1 permet de se rendre à la Part-Dieu.

La Cité internationale

Entre le parc de la Tête-d'Or et le quai du Rhône, dont il suit la courbe, l'ensemble architectural de la Cité internationale a été confié à l'architecte Renzo Piano (architecte du Centre Beaubourg à Paris). Il a été édifié à partir du milieu des années 1980 sur l'ancien site du palais de la foire de Lyon. Sur ce site de plus de 80 000 m² sont regroupés un complexe cinématographique ultramoderne, des habitations de luxe, un centre de congrès, le musée d'Art contemporain, des bureaux, des parkings, des brasseries et restaurants, des hôtels dont le Hilton, le casino Pharaon et une salle de plus de 3 000 places. Construite en briques de terre cuite, acier et verre, la Cité internationale symbolise le modernisme et l'ambition de la Ville de Lyon. Elle fut le siège en 1996 de la réunion du G7.

La Cité internationale. *Photo J. L.*

Se reporter à la carte de la page 56.

—49 Entrer dans le parc de la Tête-d'Or par la porte de la Cité internationale située en face du musée (ouverte l'été de 6 h 30 à 22 h 30 ; l'hiver : fermeture à 20 h 30). **Prendre sur la droite la voie dallée qui permet d'accéder à la roseraie puis se diriger vers le lac. Le longer, passer devant le tunnel permettant de se rendre dans l'île des Cygnes.** Remarquer plus loin, à droite, la statue *Ensemble pour la Paix et la Justice* installée à l'occasion de la tenue du G7 en 1996. **Continuer jusqu'à la porte des « Enfants du Rhône »,** entrée principale du parc, reconnaissable aux magnifiques dorures de ses grilles.

—50 Prendre à gauche l'allée du Grand-Camp jusqu'au carrefour des Oiseaux où est aménagée la « plaine africaine ».

—51 Tourner à droite dans l'allée du parc aux Daims.

▶ Sur la gauche, ne pas manquer l'esplanade avec les manèges, le marchand de gaufres et le célèbre théâtre Guignol.

—52 Au bout du parc aux Daims, prendre l'allée de Ceinture à gauche.

▶ Peu après, à droite, face à la statue de Jussieu, on peut aller visiter les grandes serres.

Guignol. *Photo J. L.*

Un gone de Lyon nommé Guignol

Au début du XIXᵉ siècle, le chômage sévit dans le milieu de la « canuserie », et parmi ces ouvriers en soie manquant de travail se trouve Laurent Mourguet. Né en 1769, marié et père de dix enfants, il se fait, pour survivre, marchand ambulant. Il parcourt ainsi villes et villages, va de marché en foire en vendant aiguilles, peignes, onguents… Quelques mois plus tard, il devient même arracheur de dents ! L'art de la dentisterie ne demande pas un gros investissement en matériel, et les drogues qu'il vend sont là pour apaiser la douleur. Mais la clientèle n'accourt pas et, pour l'attirer, il a l'idée d'utiliser Polichinelle. Devant le succès, il décide de créer un personnage à l'image du canut lyonnais : Guignol est né. Cette marionnette à la tête de bois et à la verve intarissable ne se prive pas pour égratigner les autorités en place, les bourgeois, tout en clamant la misère du peuple ouvrier. Contestataire, défenseur de l'opprimé, rien ne lui échappe, et le soir, dans les cafés, Guignol colporte les informations glanées dans la ville. Le public l'acclame. En 1852, une loi censure son théâtre. Fini la commedia dell'arte, les marionnettistes doivent déposer leurs textes à la préfecture afin d'obtenir un visa… Les décennies passent, mais Guignol demeure. À Lyon, trois théâtres continuent de le servir. Il fêtera son bicentenaire en 2008.

Le parc de la Tête-d'Or

S elon la tradition, le nom de ce parc vient d'un trésor avec une tête de Christ en or qui y aurait été enfoui par la colonie juive persécutée sous Philippe le Bel. Le réalisateur du parc est le paysagiste Denis Bühler qui a donné à l'ensemble une physionomie ouvertement inspirée de celle du Bois de Boulogne à Paris. Plus de deux millions de visiteurs en franchissent les grilles chaque année pour explorer le jardin municipal, le jardin botanique, un zoo, les roseraies et un plan d'eau de 16 hectares. La visite du parc est un perpétuel enchantement, le plaisir est renouvelé au rythme des saisons par les floraisons spécifiques qui le parent de nouvelles teintes et effluves. Le jardin botanique de Lyon, fondé en 1796 sur les pentes de la Croix-Rousse, fut transféré par la municipalité au parc de la Tête-d'Or. Il comprend les serres (petites, grandes et celles de Madagascar) et le jardin de plein air dont la création se conjugua avec la volonté de proposer des modèles de fleurs aux canuts.

Dans l'île des Cygnes se trouve le monument aux morts de la ville de Lyon, œuvre de l'architecte Tony Garnier. Les noms de 10 600 Lyonnais morts pour la France lors de la guerre de 1914-1918 sont gravés sur ses murs. L'aménagement récent de la « plaine africaine » permet aux animaux d'être regroupés en semi-liberté.

Les grandes serres du parc de la Tête-d'Or. *Photo J. L.*

Le 6ᵉ arrondissement

L e 6ᵉ arrondissement de Lyon n'a été créé qu'en 1867. Ancienne zone des débordements du Rhône, il porte le nom de Brotteaux qui désignait, dans le langage lyonnais, une île située dans la plaine alluviale du Rhône et limitée par le fleuve lui-même ou l'un de ses anciens bras, c'est-à-dire une « lône ». En 1856, année de la crue « mémorable » du Rhône, la catastrophe fut telle que Napoléon III vint lui-même constater les dégâts. On construisit une grande digue, énorme remblai s'élevant à huit mètres au-dessus du niveau de l'eau. Son édification fut jumelée avec la création du parc de la Tête-d'Or, une partie des matériaux de remblai étant issue du creusement du lac par des chômeurs engagés par la municipalité.

Quatrième étape : le parc de la Tête-d'Or, les Brotteaux et la Part-Dieu

7

Du lycée du Parc
à la place Bellecour
5 km

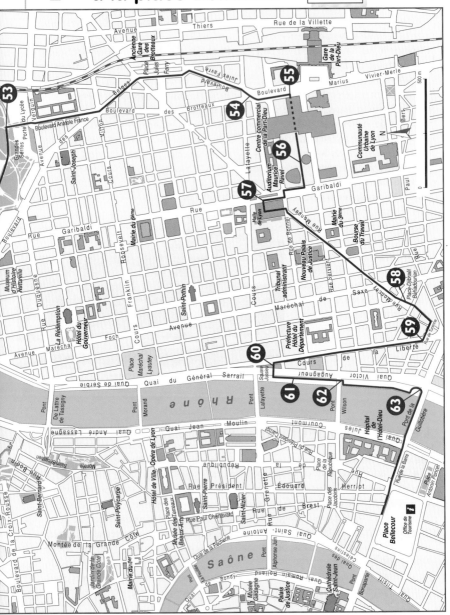

Du lycée du Parc au cours de la Liberté $\boxed{3 \text{ km}}$

—53 En face de la statue des Trois-Grâces, tourner à droite pour sortir du parc par la porte du Lycée. Traverser l'avenue Verguin, prendre le boulevard Anatole-France et passer devant le lycée du Parc. Traverser le carrefour du cours Vitton et prendre en face, à gauche, le boulevard des Belges. Atteindre la place Jules-Ferry. On y longe de très beaux immeubles cossus, en particulier ceux qui abritent l'hôtel Holiday Inn et la brasserie des Brotteaux dont les ferronneries Art-déco et le décor intérieur en céramique sont remarquables.

Passer devant l'ancienne gare des Brotteaux, construite au début du XXᵉ siècle, bel exemple d'architecture ferroviaire de cette époque. Du bâtiment ancien, il ne reste aujourd'hui que la façade. La salle des pas-perdus a été transformée en salle des ventes et différents commerces se sont installés dont la brasserie *L'Est* qui fait partie du groupe des brasseries de Paul Bocuse.

Continuer boulevard Jules-Favre. Au n°10, l'immeuble *Le Pavillon de Flore* illustre le « géométrisme » de l'entre-deux-guerres. Les tours modernes de la Part-Dieu sont dans la perspective.

—54 Traverser le cours Lafayette et passer devant l'immeuble de la caisse d'épargne pour aborder la vaste esplanade du boulevard Vivier-Merle.

B **T** Sur l'esplanade, bus et tramway toutes directions.

M Dans le sous-sol du centre commercial, station de métro Part-Dieu. À gauche : gare TGV de la Part-Dieu.

—55 Entrer dans le centre commercial par la grande porte vitrée. Avec ses 260 boutiques c'est l'un des plus importants d'Europe.

Avancer tout droit, monter au premier étage par l'escalator et ressortir par la porte de l'Esplanade. Longer la tour du **Crédit lyonnais** (142 m de haut, surnommée le « Crayon » par les Lyonnais) et les jardins suspendus de la cité administrative pour arriver à l'auditorium Maurice-Ravel, bâtiment en forme de coquillage construit en 1970 qui accueille l'Orchestre national symphonique de Lyon. Avec ses 2 090 places, il compte parmi les plus grandes salles de concert d'Europe.

Immeuble, boulevard des Belges. *Photo J. L.*

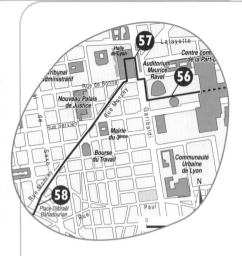

—56 Descendre sur l'esplanade de l'auditorium, tourner à droite rue Garibaldi, traverser au-dessus de la trémie et longer la station service Esso.

—57 Pénétrer dans les halles de Lyon par la porte située juste après le parking circulaire. Avancer jusqu'à l'allée centrale, tourner à gauche devant la charcuterie *Gast* et traverser ce « temple » de la gastronomie lyonnaise pour en sortir coté sud dans la rue de Bonnel.

Les halles de Lyon

Le site des anciennes halles situé aux Cordeliers ayant été détruit pour faire place à un parking, le « ventre » de Lyon a été transféré en 1971 dans le quartier de la Part-Dieu. Les halles actuelles abritent une soixantaine de commerces et restaurants, tous voués à l'art culinaire et au « bien manger ». C'est le matin, de préférence le vendredi, le samedi et surtout le dimanche que

Les halles de Lyon. *Photo J. L.*

l'on peut se rendre compte que Lyon est bien la capitale, encore et toujours, de la gastronomie.

Traverser la rue de Bonnel pour s'engager dans la rue Moncey en partie piétonne. Passer devant l'étrange fontaine du Buisson-Ardent et atteindre la place Guichard que borde la bourse du Travail. La mosaïque gigantesque datant de 1934 représente en partie les élus de la majorité radicale du conseil municipal de l'époque avec, au centre, le maire Édouard Herriot.

Après avoir traversé l'avenue Maréchal-de-Saxe et le parking, arriver sur la place Djibraël-Bahadourian. C'est ici le quartier populaire de la rue Moncey et de la place Gabriel-Péri (ancienne place du Pont) où

l'atmosphère animée évoque le mélange des cultures d'une population métissée essentiellement originaire d'Afrique du Nord.

▶ Si vous appréciez les parfums et les saveurs des produits orientaux ne manquez surtout pas de visiter le célèbre magasin Bahadourian !

—58 Continuer rue Moncey, bordée de petites boutiques, jusqu'à l'imposant immeuble semi-circulaire du CLIP (Centre Liberté-Péri) qui en bouche la perspective. Tourner à droite rue de Turenne pour rejoindre, en passant sous le portique, le cours de la Liberté.

Du cours de la Liberté à la place Bellecour `2,5 km`

Se reporter à la carte de la page 60.

Déboucher sur le cours de la Liberté, juste en face de la cartothèque du magasin *Au Vieux Campeur* bien connu des randonneurs lyonnais **et le traverser.**

—59 Tourner à droite sur le cours de la Liberté. **En admirant les beaux immeubles cossus, traverser la rue Servient** (perspective sur le « Crayon ») **pour longer l'hôtel du Département** (préfecture du Rhône) édifié en 1890 dans le style Troisième République.
▶ En face, dans le square Delestraint : statue du président Sadi Carnot assassiné à Lyon le 24 juin 1894.
Continuer le cours de la Liberté, véritable faubourg Saint-Antoine lyonnais aux nombreux magasins de meubles, **jusqu'au square Jussieu** (buste d'Édouard Herriot, maire de Lyon de 1905 à 1957).
Traverser le quai Victor-Augagneur.

L'Hôtel-Dieu, vu des quais. *Photo J. L.*

▶ On peut poursuivre jusqu'au pont Lafayette pour admirer les somptueuses figures allégoriques qui ornent ses piles.

—60 Tourner complètement à gauche sur le quai.

—61 Longer les très beaux immeubles situés de part et d'autre de l'église Réformée jusqu'au pont Wilson.

—62 Descendre sur le bas-port à côté de la buvette *Le Pied humide du pont Wilson* pour flâner en toute tranquillité et profiter pleinement de la vue imprenable sur le dôme de l'Hôtel-Dieu.
Remonter sur le quai pour déboucher sur la place Jutard.

—63 Traverser le pont de la Guillotière qui vous ramène place Bellecour.
Le *Grand Tour de la ville* est bouclé !

Pile du pont Lafayette. *Photo CDT – P. A.*

La Presqu'île et les pentes de la Croix-Rousse

13 km

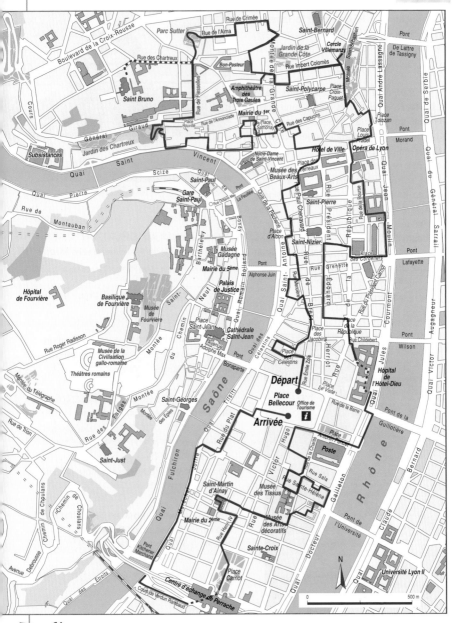

Départ du circuit : Office de tourisme, place Bellecour

Ce circuit décrit un trajet entre Saône et Rhône qui vous permettra de découvrir le centre de la ville et les pentes de la Croix-Rousse.

L'épine dorsale de la Presqu'île est la rue de la République, percée dans la seconde moitié du XIXe siècle et mise en valeur par son aménagement en espace piétonnier. Elle est, en elle-même, un but de sortie pour les Lyonnais qui vont « faire la rue de la Ré » en flânant entre les boutiques, les salles de cinéma et les grands magasins.

Après avoir quitté la place Bellecour par la rue Émile-Zola vous découvrirez successivement la place des Célestins et son théâtre, la place des Jacobins et le quai Saint-Antoine où chaque matin (sauf le lundi) s'installe un grand marché animé par les producteurs maraîchers et fermiers de la région. Vous continuerez ensuite par la rue Mercière bordée de nombreux restaurants pour atteindre la place des Terreaux.

Au-delà de la place des Terreaux, vous gravirez les pentes de la Croix-Rousse dont l'artère la plus célèbre est la montée de la Grande-Côte.

Lors de la restructuration du centre-ville, à la fin du XIXe siècle, la population « gênante » fut repoussée sur les pentes de la Croix-Rousse. L'état des immeubles s'est progressivement détérioré, à tel point que dans les années 1960 le quartier jugé insalubre a failli être rasé. En 1998, son inscription par l'Unesco au Patrimoine mondial de l'humanité l'a sauvé et lui vaut une réhabilitation progressive.

Vous redescendrez ensuite « en ville » pour admirer l'hôtel de ville, l'opéra, la place des Cordeliers et le palais de la Bourse. Puis, après avoir traversé l'Hôtel-Dieu et la place Antonin-Poncet, vous aborderez le quartier d'Ainay qui est traditionnellement habité par les notables de la ville, ce qui lui confère une atmosphère très particulière. Il abrite, autour de la rue Auguste-Comte, une centaine de boutiques d'antiquaires. Après avoir atteint la gare de Perrache et l'hôtel Château-Perrache, vous terminerez votre périple le long des paisibles quais de Saône pour revenir place Bellecour.

La Croix-Rousse vue du quai Saint-Antoine. *Photo J. L.*

1

De la place Bellecour à la place des Terreaux · 1,6 km

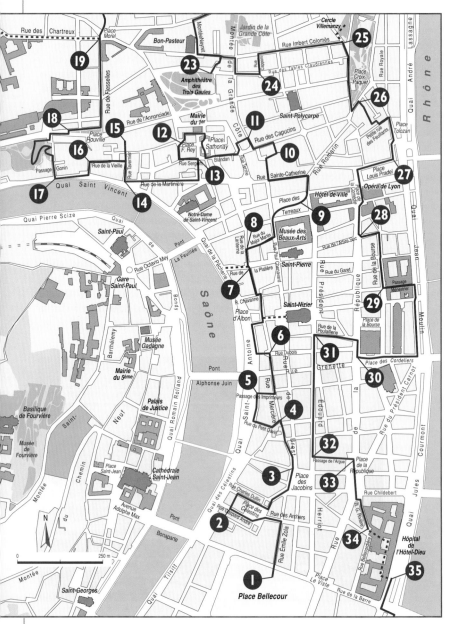

❶ Face à la tête du cheval, quitter la place Bellecour par la rue Émile-Zola bordée de nombreuses boutiques de luxe.

Tourner à gauche rue des Archers pour déboucher place des Célestins. Cette place, magnifique au printemps lorsque les magnolias sont en fleurs, dissimule une réalisation majeure du patrimoine moderne lyonnais : un parking souterrain hélicoïdal dû aux architectes Daniel Buren et Michel Targe. Un périscope installé au centre de la place permet de le voir mais il faut plutôt descendre au niveau − 1 pour l'admirer.

Le théâtre des Célestins. *Photo J. L.*

Le théâtre des Célestins occupe tout le fond de la place. Datant des années 1870, c'est une splendide salle à l'italienne, œuvre de l'architecte Gaspard André.

Prendre, à gauche du théâtre, la rue Gaspard-André.

❷ Au n° 1 de la rue Gaspard-André, pénétrer dans le passage. Il permet de découvrir, dans la cour, des vestiges du couvent des Célestins détruit lors de la Révolution.

En ressortir au n° 2 de la rue Charles-Dullin et tourner à droite pour retourner place des Célestins. Au fond de la place, prendre à gauche la rue Moncharmont pour déboucher place des Jacobins (à l'angle de la rue Gasparin, une plaque évoque les grands événements de l'histoire de cette place).

La fontaine au centre de la place, inaugurée en 1866, est due à Gaspard André. Elle évoque quatre grands artistes lyonnais, un par siècle : l'architecte Philibert Delorme (XVIe siècle), le graveur Gérard Audran (XVIIe siècle), le sculpteur Guillaume Coustou (XVIIIe siècle) et le peintre Hippolyte Flandrin (XIXe siècle).

Longer la place des Jacobins en suivant le côté gauche.

❸ Prendre la rue de Brest sur 30 m, puis la rue Mercière dont le début, encore pavé, évoque le souvenir de ce qui était jadis le revêtement de toutes les artères lyonnaises. C'est l'une des plus anciennes rues de la ville. Elle reliait à l'origine le pont de pierre sur la Saône au pont de la Guillotière sur le Rhône. Après les marchands et les imprimeurs, au temps de la Renaissance, elle est désormais réservée aux piétons et aux restaurants.

Longer le très bel hôtel Horace Cardon (imprimeur lyonnais du XVIIe siècle) bien intégré dans un programme immobilier moderne.

❹ Tourner à gauche dans la rue de la Monnaie, puis à droite dans celle du Petit-David qui débouche sur le quai Saint-Antoine où l'on retrouve la Saône et une belle vue sur la colline de Fourvière.

Tourner à droite sur le quai Saint-Antoine et entrer au n° 27 pour découvrir un magnifique ensemble Renaissance avec galeries à l'italienne, puits et escaliers à vis.

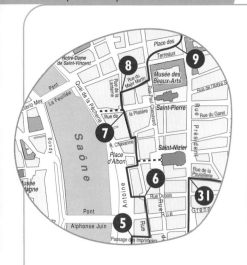

Escalier Renaissance, au n° 27, quai Saint-Antoine. *Photo J. L.*

5 Emprunter à droite (au n° 26) le passage des Imprimeurs (ou passage Mercière), allée publique qui ramène à la rue Mercière. Remonter celle-ci sur la gauche. Traverser la rue Grenette et continuer jusqu'à hauteur de la rue Dubois.

6 Passer à gauche sous une arche ménagée au centre des immeubles modernes pour déboucher à nouveau sur le quai Saint-Antoine. En amont et en aval, la vue est très belle sur la courbe de la Saône et l'on aperçoit à droite la colline de la Croix-Rousse.

Suivre le quai sur la droite jusqu'à la place d'Albon.

▶ Depuis la place, on découvre (au bout de la rue des Bouquetiers) l'église Saint-Nizier. Si la primatiale et le cloître Saint-Jean ont été le cœur de la vie religieuse, c'est à Saint-Nizier que se retrouvaient consuls, échevins et corporations. Le quartier entier en garde encore la trace.

Quitter la place d'Albon en tournant à gauche dans la rue Chavanne, puis continuer dans la rue Lanterne.

▶ À la hauteur de la rue de la Platière, aller à gauche jusqu'au quai pour voir le mur peint dit « des Libraires » qui met à l'honneur des écrivains de la région.

Église Saint-Nizier. *Photo J. L.*

—❼ Reprendre la rue Lanterne. Passer, au n° 10, devant l'église évangélique.

—❽ En face de l'église évangélique, prendre (à droite) l'étroite rue du Major-Martin qui abrite le plus authentique des « bouchons » lyonnais, *Le Café des Fédérations.*

Arriver dans la rue Paul-Chenavard, face à l'une des façades latérales du Palais Saint-Pierre que jouxte, au n° 25, le portail de l'ancienne église Saint-Pierre du XIIe siècle. **Prendre sur la gauche la rue Paul-Chenavard jusqu'à la place des Terreaux.**

La place des Terreaux

Terreau en langage populaire signifiait « fosse ». Ce terrain se situait autrefois en dehors de la ville, à l'endroit où se trouvaient un canal et un fossé. La place date de 1559. Au XVIIe siècle, s'y tenait le marché aux porcs. Puis ce fut bientôt le lieu des exécutions capitales dont les plus fameuses furent celles de Cinq-Mars et de Thou.

La fontaine monumentale signée du sculpteur Bartholdi avait initialement été conçue pour la ville de Bordeaux… puisqu'elle personnifie la Gironde maîtrisant ses affluents ! Désormais elle personnifiera le Rhône… À la nuit tombée, la place s'anime des multiples micro-fontaines lumineuses conçues par Daniel Buren.

À l'est de la place, le « pouvoir » municipal est magnifiquement représenté par l'hôtel de ville dont le beffroi abrite un carillon de quarante cloches dont trois sont antérieures à l'an 1200.

Le musée des Beaux-Arts

Le sud de la place est bordé par le palais Saint-Pierre, ancienne abbaye royale des Dames de Saint-Pierre. Aujourd'hui véritable « musée de trois civilisations » qui illustre l'histoire de l'art de la Grèce antique à l'Égypte ancienne, la sculpture et la peinture du Moyen Âge à nos jours, il s'est récemment enrichi d'une exceptionnelle collection d'œuvres impressionnistes et modernes (Manet, Monet, Degas, Bacon, Braque, Picasso) léguées par Jacqueline Delubac, épouse de Sacha Guitry. Une visite s'impose, agrémentée

Grèce, Koré, vers 530 – 540 avant J.-C.
© A. Basset, Musée des Beaux Arts de Lyon.

d'une pause dans le merveilleux jardin intérieur peuplé de statues et entouré d'une galerie-cloître.

2

De la place des Terreaux
à la place Tolozan

4,8 km

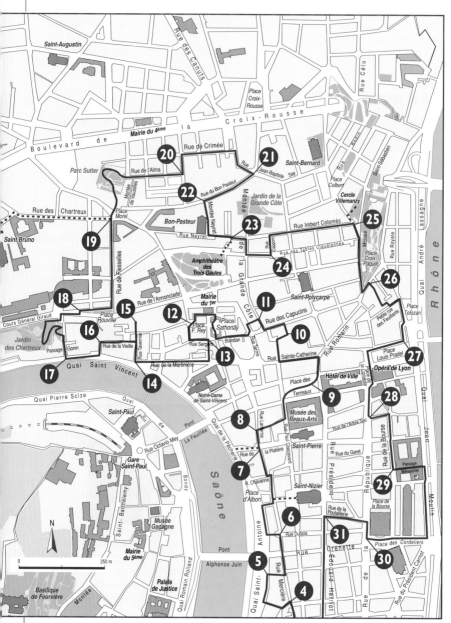

De la place des Terreaux
à la montée de la Grande-Côte 3,5 km

9 Traverser la place des Terreaux en diagonale et la quitter par la rue Romarin (à droite en regardant la fontaine).
Tourner à gauche dans la rue Sainte Catherine (plaque historique), **puis à droite dans la rue Sainte-Marie des Terreaux. Monter les marches et tourner à droite.**

10 Entrer dans l'immeuble (ancien domaine des Capucins) et « **trabouler** » **pour ressortir au n° 6 rue des Capucins. Tourner à gauche et prendre ensuite sur la droite la montée de la Grande-Côte,** la plus ancienne voie de passage sur les pentes de la Croix-Rousse. Monter jusqu'au n° 118 (côté gauche).

11 Entrer puis « **trabouler** » **par les immeubles successifs pour ressortir au n° 7 de la rue Terme. Descendre légèrement à gauche, traverser et prendre à droite la rue Sergent-Blandan,** bordée de toute une série de maisons anciennes.
Atteindre la place Sathonay, charmante petite place créée sur l'emplacement du cloître d'un ancien couvent. Les deux lions et les deux bâtiments (actuellement mairie d'arrondissement) qui entourent l'escalier sont ceux qui marquaient l'entrée de l'ancien jardin des plantes.

La montée de la Grande-Côte. *Photo J. L.*

Après avoir salué ce sergent lyonnais de l'Armée d'Afrique, mort en 1842, **traverser la place en diagonale pour gagner la toute petite place mitoyenne Fernand-Rey.**

12 Tourner à gauche dans la petite rue Fernand-Rey.
▶ Dans la cour du n° 12, rue Ferdinand Rey, on peut voir ce qui fut une très élégante demeure dont on attend depuis des années la restauration.

Le lion de la place Sathonay.
Photo J. L.

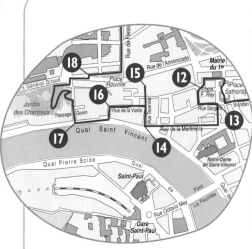

Toutes leurs identités figurent sur le double tableau à gauche de la porte d'entrée « virtuelle ».

Après avoir reconnu les notables locaux, **suivre le quai Saint-Vincent sur la droite jusqu'à la rue Tavernier. La remonter en totalité pour passer sous une arche moderne.**

—**15 Découvrir un extraordinaire immeuble** avec escalier à vis et balcons, adossé au rocher. Il est immédiatement surplombé par celui du niveau supérieur.
Revenir quelques pas en arrière pour prendre (2e rue à droite) la rue de la Vieille.

—**16 À l'angle de la rue Saint-Benoît, pénétrer dans la cour-jardin.** Les vestiges de cloître proviennent de l'ancien prieuré Saint-Benoît, couvent de bénédictines fondé au XVIIe siècle.
Regagner le quai Saint-Vincent et le prendre à droite.

—**17 Très rapidement, emprunter sur la droite le passage Gonin dont les lacets en bordure du jardin des Chartreux conduisent au cours Général-Giraud et à la grande terrasse bordant la place Rouville** d'où la vue est saisissante. Aux n°s 5 et 6, la place est dominée par la maison « Brunet », construction symbolique qui évoque les caractéristiques d'une année : 365 fenêtres pour les jours, 4 entrées pour les saisons, 52 appartements pour les semaines et autant d'étages que de jours dans une semaine (dimanche excepté). En 1831, lors de la première révolte des canuts, cet immense corps de bâtiment devint une véritable citadelle entre les mains des insurgés.

Poursuivre pour regagner la rue Sergent-Blandan que l'on prend légèrement sur la gauche.

—**13 Emprunter à droite le passage de la Déserte pour rejoindre la rue de la Martinière et la prendre sur la droite.**

—**14 Arriver au pied de la fresque des Lyonnais.** Sur 800 m^2, trente anciennes célébrités lyonnaises, à leurs fenêtres, et six autres, contemporaines, vous accueillent.

Les quais de Saône vus de la place Rouville. *Photo J. L.*

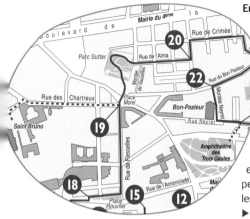

En haut du parc, ressortir par le portail sur la rue de Vauzelles. Prendre en face, légèrement à droite, la rue de l'Alma qui conduit jusqu'à l'hôpital **Saint-François** maintenant désaffecté. C'est sur cet emplacement autrefois appelé « mont Sauvage » qu'un certain Monsieur Pitrat, resté célèbre, avait entrepris la construction d'une tour dont la hauteur devait permettre de voir la mer. Le projet s'est effondré en 1828, mais une tour à chapeau pointu du XIXe siècle domine toujours les toits de l'hôpital.

▶ **Entrer dans les jardins de l'hôpital** pour profiter d'un très beau point de vue sur la cité.

À partir de la place Rouville commence la découverte des pentes de la colline de la Croix-Rousse où le souvenir des canuts demeure profondément ancré.

—**18** Traverser le cours Général-Giraud, prendre la rampe qui domine le massif ornant la place, longer la façade de la maison Brunet. Tourner à gauche dans la rue de Flesselles et la remonter jusqu'à la place du Lieutenant-Morel.

▶ À 300 m à gauche par la rue des Chartreux, l'église Saint-Bruno-des-Chartreux récemment restaurée est un trésor de l'art baroque. Ne manquez pas de la visiter !

—**19** Traverser la place Morel. *Ne pas emprunter* la montée de Vauzelles mais pénétrer dans le parc Sutter par l'entrée située sur le côté droit de la résidence Tom Morel (suivre le fléchage « Jardin public »). Ce parc, ancienne propriété bourgeoise entièrement close de murs, est l'un des lieux les plus préservés et méconnus des pentes de la Croix-Rousse.

—**20** Prendre à gauche la rue Saint-François-d'Assise puis à droite la rue de Crimée et à droite la rue Jean-Baptiste-Say. Rejoindre l'esplanade qui domine les jardins de la montée de la Grande-Côte et permet d'embrasser un très vaste panorama sur la ville.

Fourvière vue de l'esplanade de la Grande-Côte. *Photo J. L.*

De la montée de la Grande-Côte à la place Tolozan

1,3 km

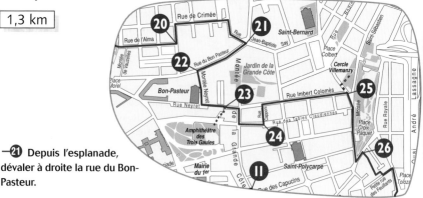

21 Depuis l'esplanade, dévaler à droite la rue du Bon-Pasteur.

22 Descendre sur la gauche les escaliers de la montée Neyret pour aboutir à l'église du Bon-Pasteur (plaque explicative) et tourner à gauche rue Neyret.

▶ En passant sous l'arche de l'arrêt du bus n°6 (direction Hôtel de Ville), ne pas manquer d'aller jusqu'à la balustrade qui domine les vestiges de l'amphithéâtre des Trois Gaules (l'Aquitaine, la Belge et la Lyonnaise), dans lequel furent suppliciés en 177 les martyrs chrétiens de Lyon, dont sainte Blandine.

23 Poursuivre la rue Neyret jusqu'à la montée de la Grande-Côte. La descendre à droite jusqu'à la rue des Tables-Claudiennes. Prendre celle-ci sur la gauche (plaque explicative à droite).

Les révoltes des canuts : 1831 – 1834

En novembre 1831, les canuts, constatant une reprise après cinq ans de crise, réclament un tarif minimum (ils étaient payés à la pièce). Les fabricants refusent, voulant conserver leurs réserves pour acheter la soie. Le préfet convoque une réunion de conciliation, un tarif y est décidé, mais les patrons encouragés par le gouvernement ne l'appliquent pas. Les ouvriers se révoltent, et en l'absence du maire Prunelle prennent l'hôtel de ville dont ils ne savent que faire. Le préfet en appelle au gouvernement, qui envoie des troupes sous les ordres du maréchal Soult. La révolte est réprimée, les meneurs arrêtés puis jugés à Riom, où ils sont presque tous acquittés.

La révolte de 1834 est d'origine plus nettement politique, inspirée par l'opposition républicaine, en particulier la Société des Droits de l'homme. Les ouvriers évitent les manifestations de rue et réclament aux patrons des augmentations par la grève et la mise à l'index des récalcitrants. Mais Thiers et le nouveau préfet Gasparin cherchent à mater la ville. En avril, 10 000 soldats envoyés à Lyon et commandés par le général Aymard, exercent une répression sanglante (300 morts, de nombreuses maisons détruites au canon). À Vaise eut lieu un vrai massacre… En 1848 et 1849 des révoltes eurent lieu à l'unisson de celles de Paris.

—㉔ Un peu plus loin sur la gauche, monter les escaliers de la rue Capponi (la plus petite rue de Lyon) **pour rejoindre la rue Imbert-Colomès. La suivre à droite jusqu'à son intersection avec la montée Saint-Sébastien.**

▶ En remontant légèrement la montée Saint-Sébastien, on peut gagner les terrasses de l'ancien hôpital militaire Villemanzy, transformé en résidence hôtelière universitaire (plaque explicative sous les jardins, rue des Fantasques) d'où l'on découvre, en contrebas, les quais du Rhône.

—㉕ Descendre la montée Saint-Sébastien jusqu'à la place Croix-Paquet. Ne pas manquer d'observer, en dessous, les beaux immeubles qui contrastent avec les maisons

En descendant la montée Saint-Sébastien.
Photo J. L.

modestes du secteur. Ce sont ceux des « fabricants » soyeux de la rue Royale. Ils ne « fabriquaient » pas, mais centralisaient les pièces de soie tissées par les « canuts », les vendaient et en tiraient le plus gros profit, d'où les révoltes des canuts. Certains de ces immeubles sont attribués à Soufflot ou à son collaborateur Rater.

Au carrefour de la rue des Capucins et de la rue Romarin, tourner à gauche et traverser la rue.

▶ À 150 m à droite par la rue des Capucins : la Condition des soies (voir encart ci-dessous)

—㉖ Emprunter aussitôt (au n° 5 place Croix-Paquet) la traboule qui conduit à la cour des Moirages autrefois occupée par le monastère des Feuillants (plaque explicative sur le mur face à l'arrivée).

En ressortir par un porche encadré de colonnes ouvrant sur la Petite-Rue des Feuillants.

▶ L'immeuble de gauche cache un magnifique escalier XVIIᵉ accessible soit par la porte située avant le porche, soit par le n° 5 de la Petite-Rue des Feuillants, soit par le n° 4 de la rue de Thou (que l'on rejoint en retournant au point d'entrée de la cour des Moirages).

Descendre la Petite-Rue des Feuillants sur la gauche pour arriver place Tolozan.

▶ À droite, au n° 19, admirer un très bel immeuble du XVIIIᵉ avec une porte cochère en noyer et un somptueux escalier.

La Condition des soies

C'est un beau bâtiment à deux étages du XIXᵉ siècle inspiré par les palais florentins, situé 7 rue Saint-Polycarpe, en bas des « pentes », où se déroulaient les opérations de conditionnement de la soie. Les fabricants payaient au poids les balles de soie que leur livraient les canuts. La soie pouvant absorber 8 à 15 % de son poids en eau sans qu'il y paraisse, il fallait déterminer dans quelles conditions d'humidité on devait la négocier. Pour cela, on devait étuver les balles et les peser avant et après l'étuvage.

Des millions de kilos de soie y transitèrent : 8 millions en 1911, mais seulement 297 000 kg en 1955. Aujourd'hui, l'édifice abrite les équipements socio-culturels du 1ᵉʳ arrondissement.

3

De la place Tolozan
à la place Antonin-Poncet

2,7 km

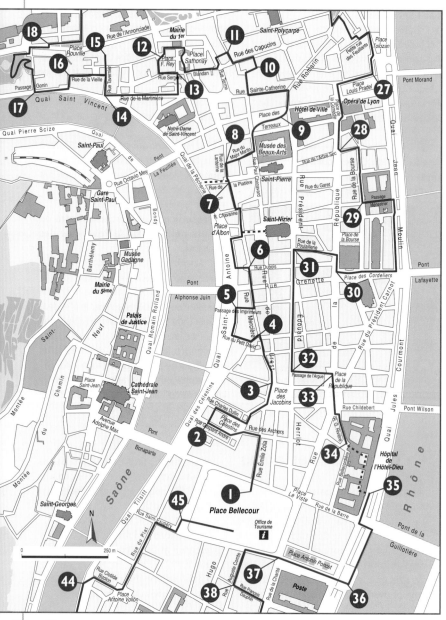

De la place Tolozan
à la place des Cordeliers 1,1 km

—㉗ Tourner à droite pour traverser la place Louis-Pradel et gagner la place de la Comédie pour voir, malheureusement sans grand recul possible, la façade est de l'hôtel de ville. En face, l'Opéra national de Lyon a été totalement restructuré en 1990 par Jean Nouvel. Il est toujours couronné par ses « huit » muses, la neuvième (Uranie) n'ayant jamais trouvé de place. Son immense verrière semi-circulaire (destinée à agrandir l'édifice) et la juxtaposition de deux styles très différents, néo-classique et contemporain, demeurent un objet de contestation de la part de nombreux Lyonnais.

Ici s'amorce l'extrémité nord de la rue de la République ouverte au Second Empire sous le règne du préfet Vaïsse (elle était alors nommée rue Impériale).

S'engager sur le trottoir de gauche dans la rue de la République, bordée de riches immeubles et de nombreuses banques.

—㉘ Tourner à gauche rue de l'Arbre-Sec, puis à droite rue du Garet qui, après la rue du Bât-d'Argent, devient rue de la Bourse et longe, sur la gauche, le lycée Ampère. Autrefois collège de jésuites, c'est le plus ancien établissement scolaire de la ville. **Passer devant le portail de la chapelle de la Trinité,** chef-d'œuvre de l'art baroque.

—㉙ Emprunter le passage Ménestrier pour traverser les bâtiments et rejoindre le quai du Rhône face à la passerelle du Collège. Tourner à droite et descendre jusqu'au pont Lafayette pour tourner à droite place des Cordeliers.

Sur le côté gauche de la place, un très bel immeuble, anciennement occupé par *Les Galeries Lafayette* et actuellement à l'enseigne *Planète Saturn*, jouxte l'église Saint-Bonaventure, une des églises les plus réputées du centre.

Le côté droit de la place est occupé par le palais de la Bourse. Son architecture et sa décoration extérieure et intérieure relèvent entièrement du seul architecte Dardel. C'est un beau bâtiment du XIXe siècle, dont une restauration très récente a remis en valeur l'élégance et la belle unité. Admirer, au pied de la balustrade, un beau bas-relief représentant le Rhône et la Saône.

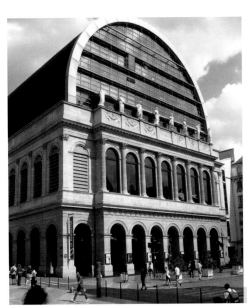

L'opéra. *Photo J. L.*

De la place des Cordeliers à la place Antonin-Poncet

1,6 km

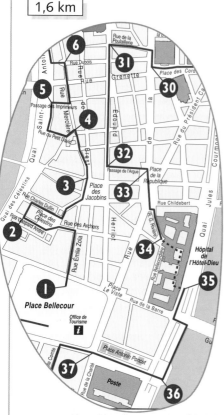

L'horloge Charvet. *Photo J. L.*

▶ Les jours ouvrés, on peut choisir de « trabouler » de la rue de la République à la rue du Président-Édouard-Herriot par le rez-de-chaussée du très beau bâtiment voisin du Crédit lyonnais.

Déboucher rue du Président-Édouard-Herriot pour découvrir en face, dans le renfoncement de la rue de la Poulaillerie, l'horloge Charvet qui, depuis 1852, s'anime toutes les heures : Guignol et Gnafron sont secondés par Arlequin et Polichinelle pour la faire fonctionner.

▶ En tournant à droite, on peut aller contempler le chevet de l'église Saint-Nizier.

—③① Tourner à gauche en direction de la place Bellecour. Comme la rue de la République, la rue du Président-Édouard-Herriot a fait partie du plan de restructuration de la ville mené par le préfet Vaïsse. D'abord baptisée rue de l'Impératrice (Eugénie), elle est ensuite devenue rue de l'Hôtel-de-Ville avant de prendre son nom actuel. Elle est bordée de très beaux immeubles « bourgeois » : noter les décors et statues aux angles des rues.

Croiser la rue Grenette. À l'angle de celle-ci et de la place Francisque-Régaud, le *Café des Négociants* mérite un arrêt pour son décor centenaire.

Continuer la rue du Président-Édouard-Herriot.

—③⓪ Après avoir traversé la place des Cordeliers, tourner à droite rue de la République.

▶ En continuant la rue de la République, on peut aller jusqu'à la place de la Bourse pour voir la façade nord du palais de la Bourse.

Prendre, en face, côté gauche, la rue de la Poulaillerie jusqu'à la rue du Président-Édouard-Herriot. Au n° 13 de la rue de la Poulaillerie, l'hôtel de la Couronne présente un très bel ensemble d'allée voûtée, d'escalier, de galeries et abrite l'actuel musée de l'Imprimerie. C'est dans cet immeuble que le Consulat tenait ses assemblées à partir de 1604 jusqu'à la construction de l'hôtel de ville actuel.

—32 Prendre sur la gauche (un peu avant d'arriver place des Jacobins) **le passage de l'Argue qui conduit place de la République.** Se rendre au milieu de la place pour bénéficier d'une bonne vue d'ensemble des plus grandes artères de la Presqu'île et des beaux immeubles qui les bordent.

—33 Continuer à traverser la place de la République, croiser la rue Childebert puis prendre à gauche (un peu en biais) la rue Gabriel-Rivière qui conduit à la place de l'Hôpital devant une des entrées de l'Hôtel-Dieu, un des ensembles monumentaux du XVIIᵉ et du XVIIIᵉ siècles les plus somptueux de Lyon. La chapelle du XVIIᵉ siècle présente une très belle façade mais l'intérieur n'est visible que le dimanche matin.

▶ Avant de quitter la place de l'Hôpital, remarquer juste à côté, n° 28 rue Paufique, le porche d'entrée de la maison Renaissance où Louise Labé, la « Belle Cordière », tenait salon.

En semaine, samedi matin compris, la meilleure suite du parcours consiste à traverser l'hôpital :

—34 Entrer dans l'hôpital et découvrir tout d'abord les parties les plus anciennes : le cloître et le petit dôme, puis, en cheminant en biais vers la gauche, gagner progressivement à travers cours et galeries l'entrée principale sur le quai Jules-Courmont.

▶ *En cas de fermeture de la petite entrée, suivre la rue Bellecordière jusqu'à la rue de la Barre puis tourner à gauche pour rejoindre le quai Jules-Courmont.*

—35 Sur le quai, longer la façade monumentale de l'hôpital (longue de 375 m) dominée par le dôme majestueux conçu par Soufflot. Après le pont de la Guillotière, traverser le quai et poursuivre le long du Rhône jusqu'à l'embarcadère où il est vivement conseillé de descendre au plus près du fleuve : la vue y est magnifique.

—36 Remonter de l'embarcadère et traverser la place Antonin-Poncet en longeant les grilles du côté sud (côté Poste) : la perspective sur Fourvière est très belle.

Tout ce secteur était autrefois occupé par l'hospice de l'Aumône générale ou de la Charité, dont la fondation datait de François 1ᵉʳ. Il fut détruit en 1934 pour faire place à l'actuel hôtel des Postes. Seul subsiste le clocher qui, dit-on, doit sa survie à un chèque déposé un soir sur le bureau d'Édouard Herriot…

Le cloître de l'Hôtel-Dieu. *Photo J. L.*

4 De la place Antonin-Poncet à la place Bellecour par Perrache

3,9 km

Le clocher de la Charité. *Photo J. L.*

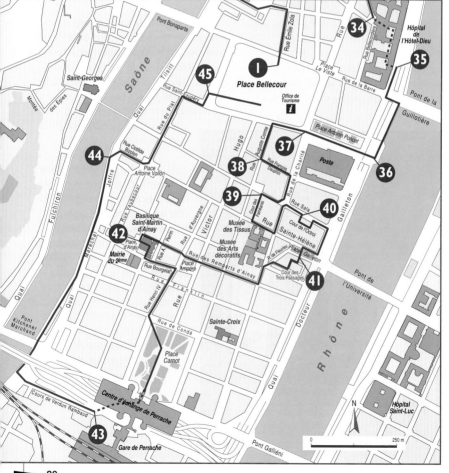

De la place Antonin-Poncet
à la gare de Perrache   2,4 km

37 Après avoir traversé la place Antonin-Poncet, longer la place Bellecour sur le côté sud. **Tourner à gauche rue Auguste-Comte.** Au n°2, l'hôtel de Varey, hôtel particulier du XVIIIe siècle conçu par Toussaint Loyer, collaborateur de Soufflot, est très bien conservé (la cour intérieure est visible le matin avant 10 h).

38 Prendre à gauche la rue François-Dauphin.

▶ Au n° 7, entrer dans la cour-jardin de l'ancien hôtel de l'Intendance (XVIIe) pour voir un bel escalier à double volée. En ressortant, observer en face, sous le clocher de l'église Saint-François (XIXe), un porche latéral récupéré dans l'ancien couvent Notre-Dame-des-Chaînes.
Continuer rue François-Dauphin, tourner à droite rue de la Charité jusqu'à la rue Sala et l'emprunter sur la droite.

39 Entrer au n° 44 rue Sala (ou au n° 42) pour « trabouler » à travers la cour des Fainéants et ressortir au n° 31 (ou au n° 29) de la rue Sainte-Hélène.

Pratiquement en face (n° 30 rue Sainte-Hélène), l'ancien hôtel de Cuzieu fut bâti en 1759 pour un échevin (accès à une jolie montée d'escalier par le perron de droite).
Prendre la rue Sainte-Hélène vers la gauche, côté Rhône, et tourner à gauche rue de la Charité pour revenir à droite rue Sala.

40 Entrer au n° 54bis rue Sala, traverser la cour très architecturée de l'Octroi, avec son ancienne fontaine et ses deux magnifiques platanes-parasols.
Ressortir au n° 58bis. Poursuivre jusqu'au quai Gailleton et tourner à droite jusqu'à la place Gailleton. Créée au XVIIIe siècle lors des premiers travaux de Perrache, elle honore un maire de Lyon, Antoine Gailleton, pour qui un imposant monument fut élevé en 1913. À l'avant, la charmante fontaine-bassin est de création récente.
▶ Avant de traverser la place Gailleton, en entrant dans la grande cour du n° 2, on peut découvrir l'enchevêtrement des constructions successives.
Traverser la place Gailleton.

La cour de l'Octroi.
Photo J. L.

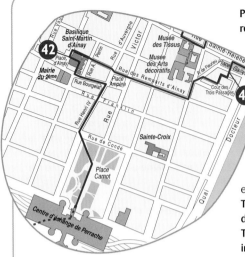

—41 Par le n° 5 de la place, entrer dans la cour des Trois-Passages malheureusement envahie par un garage. En ressortir, à droite, par la rue des Trois-Passages pour déboucher sur la rue de Fleurieu puis la rue de la Charité où subsistent trois anciens hôtels particuliers du XVIIIᵉ : l'hôtel de Nervo, de forme triangulaire, prolongé par une terrasse-jardin et les hôtels de Villeroy et de Lacroix-Laval attribués à Soufflot et transformés en musée des Tissus et musée des Arts décoratifs.

Prendre la rue de la Charité à gauche puis tourner à droite dans la rue des Remparts-d'Ainay. Traverser la place Ampère. À hauteur de la rue Adelaïde-Perrin, remarquer le chevet de la basilique d'Ainay.

Poursuivre jusqu'à la place d'Ainay et rejoindre l'entrée de la basilique. La basilique d'Ainay est l'un des plus beaux témoignages de l'époque romane à Lyon. Elle mérite une visite, facilitée par les indications fournies à l'intérieur.

—42 Par une chapelle et un passage latéral à droite de la nef, ressortir de la basilique dans la rue Bourgelat et la prendre sur la gauche. Au n° 19, le portail de l'ancienne École royale d'équitation (1755) est mitoyen de l'hôtel de la Fondation Mérieux. **Tourner à droite dans la rue Henri-IV et déboucher sur la place Carnot.**

Traverser celle-ci en biais, monter le plan incliné central, puis l'escalier roulant qui permet d'accéder au centre d'échange donnant accès à la gare de Perrache. Cet ensemble, « chagrin » des Lyonnais qui l'ont baptisé « le fromage », date de 1976. Il a pris la place d'un très beau cours planté d'arbres et il défigure complètement le secteur. Sur les terrasses, au quatrième niveau, les jardins suspendus sont la seule réussite de cette réalisation.

Redescendre au niveau 0 et suivre les pancartes « Gare SNCF » puis « Verdun – Rambaud » (ascenseur).

Arriver à l'ancien hôtel Terminus baptisé « Château-Perrache ». C'est un bel édifice Art nouveau qui a conservé ses marquises et ses salons, avec boiseries, stucs et décors peints.

Jardins suspendus du centre d'échange de Perrache. *Photo J. L.*

Le quartier d'Ainay

« **J**e débarquai (à Lyon) un certain matin d'octobre, par un vrai soleil du Midi. Un excellent ami de guerre, Calixte-Marie-Joanny Paterin, gendre et associé de Gaspard Vernon, Tulles et dentelles, était venu m'attendre à la gare… Nous nous engageâmes ensuite dans un dédale de ruelles et de petites places de bien pauvre mine. Et Calixte commença à saluer les passants avec une déférence qui me surprit. C'était, il est vrai, des gens fort distingués que je ne m'attendais pas à rencontrer dans un quartier aussi misérable. Et plus nous allions, plus les maisons s'élevaient, plus les rues s'effilaient, et plus Calixte saluait. Je finis par lui demander le nom de ce faubourg où il avait tant de connaissances. À cette question, il eut un haut-le-corps. Il s'arrêta, me considéra d'un air offensé ; puis devant mon visage sans malice, il se rasséréna.

– Ce n'est pas un faubourg, me répondit-il avec une bienveillance attristée, c'est le quartier Ainay dont

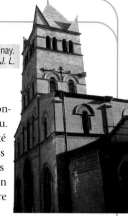

La basilique d'Ainay.
Photo J. L.

j'ai tenu à vous donner un rapide aperçu. La meilleure société l'habite. Et j'y vis moi-même depuis trente-huit ans. On ne le quitte guère quand on y est né.

Jean Dufourt – *Calixte
ou l'Introduction à la vie lyonnaise*

Qu'en est-il maintenant ?
Ainay est resté un quartier calme, respectable, où l'on ne fait pas étalage de ses richesses. Les « gens fort distingués » ont vieilli, beaucoup ont disparu, laissant la place depuis quelques années à des familles souvent nombreuses dont certains rejetons sont et seront, soyez en sûr, « fort distingués ». Mais le progrès et la reconnaissance de l'Unesco sont passés par là : on a rénové les façades, amélioré le confort des beaux appartements qui s'arrachent maintenant sur le marché immobilier lyonnais.

Le musée des Tissus

Le musée des Tissus est installé dans un ancien hôtel particulier construit à partir de 1730 pour Claude Bertaud, voyer de la ville (officier chargé des voies publiques), et loué dès 1746 pour servir de logement au gouverneur de Lyon, le duc de Villeroy.

L'ancien hôtel de Villeroy est aujourd'hui le plus important musée des Tissus de France, avec des étoffes de toutes les époques et en provenance de tous les pays du monde. La production lyonnaise y occupe évidemment une place importante.

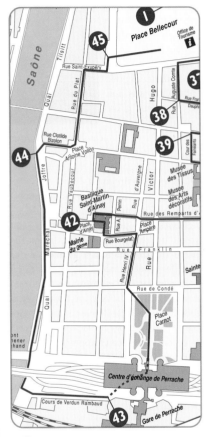

De la gare de Perrache à la place Bellecour

1,5 km

— **44** Remonter sur le quai Tilsitt par un plan incliné avant la passerelle Saint-Georges puis prendre à droite la rue Clotilde-Bizolon, « la maman des poilus ».
Atteindre la place Antoine-Vollon décorée d'une jolie fontaine.
Tourner à gauche dans la rue du Plat (au n° 38, curieux escalier en demi-cercle).
Prendre à droite la rue Saint-Exupéry. Au n° 8, une plaque rappelle qu'Antoine de Saint-Exupéry est né dans cet immeuble en 1900.

— **45** En arrivant sur la place Bellecour, tourner à gauche (vers la rampe d'accès au parking souterrain) pour aller voir le charmant monument représentant Saint-Exupéry en compagnie du « Petit Prince ».
Rejoindre le centre de la place Bellecour d'où l'on a un bon point de vue sur la statue équestre, les bassins, les kiosques des fleuristes et les façades des immeubles qui bordent la place dont certains datent du Premier Empire, remplaçant ceux détruits pendant la Révolution.

Saint-Exupéry et le Petit Prince. *Photo J. L.*

— **43** Passer devant l'hôtel Château-Perrache, rejoindre le cours de Verdun-Rambaud. Le suivre en direction de la Saône. Traverser le quai, passer sous le viaduc de l'autoroute puis descendre sur le bas-port par l'escalier avant le pont Kitchener-Marchand (remarquer sur ce dernier les couples figurant le Rhône et la Saône).
Continuer le parcours sur la berge qui longe le quai Maréchal-Joffre et permet d'apprécier au calme un beau point de vue sur la rivière et la colline de Fourvière.

Le rôle religieux de Lyon
Les martyrs lyonnais

En 160 après J.-C., saint Pothin arrive à Lugdunum par la voie fluviale en provenance de Smyrne (Asie mineure). Il est envoyé par saint Polycarpe, chef de l'Église d'Orient, disciple de saint Jean, pour encadrer la nouvelle communauté chrétienne de Lugdunum et de Vienne. Ce sera le premier évêque de Lyon.

La religion chrétienne s'insère dans un contexte où cohabitent le culte dû à l'empereur et divers cultes païens orientaux dont le plus important est celui rendu à Cybèle, une déesse phrygienne.

En 177, sous le règne de Marc-Aurèle, a lieu la première persécution des chrétiens qui nous est connue par *La lettre des Chrétiens de Vienne et de Lyon à leurs frères d'Asie* rapportée par l'évêque Eusèbe de Césarée au IVe siècle dans son ouvrage intitulé *Histoire ecclésiastique*. Quarante-huit chrétiens sont jugés sur le forum romain puis martyrisés. Une dizaine dont sainte Blandine sont livrés aux fauves dans l'amphithéâtre des Trois-Gaules. Les citoyens romains sont décapités. Les membres d'un troisième groupe, parmi lesquels saint Pothin, périssent étouffés dans les prisons du gouverneur sous l'Antiquaille. Pour succéder à saint Pothin, un deuxième évêque est nommé : saint Irénée dont on situe le décès entre 202 et 208.

En 178, une nouvelle persécution contre les chrétiens fait plusieurs victimes dont saint Alexandre et saint Épipode. À leur mémoire, un autel sera érigé dans la crypte de l'église Saint-Irénée édifiée à l'emplacement d'une nécropole où seront retrouvés les ossements du saint.

En 1032, le duché du Lyonnais créé par Charlemagne est démembré et passe dans le Saint empire romain germanique. Cet événement marque la naissance d'une principauté de type féodal. La ville est alors gouvernée par les archevêques qui entretiennent une puissante armée et frappent monnaie. Ayant adopté pour emblème héraldique le lion, symbole de puissance, ils décident de modifier le nom de Lugdunum en Lyon, donnant à la ville une nouvelle identité.

Ces archevêques, élus par le chapitre des chanoines comtes de Saint-Jean, règneront sur Lyon du XIe au XIVe siècle.

Au cours du XIIIe siècle, deux conciles se tiendront à Lyon, faisant de la ville, « la deuxième Rome ». Le premier concile, en 1245, est initié par le pape Innocent IV qui a pour objectif de déposer et excommunier l'empereur Frédéric II avec lequel il est en conflit de pouvoir et d'autorité. Le deuxième concile, en 1274, est initié par le pape Grégoire X dans le but de proclamer l'union des Églises d'Orient et d'Occident, affaiblies par la scission de 1054. Cette tentative va s'avérer infructueuse.

Deux papes seront investis à Lyon, Clément V en 1305 et Jean XXII en 1316.

En 1311, à la suite de l'intervention des bourgeois lyonnais, le roi Philippe le Bel réunira le Lyonnais au royaume de France. Ainsi prendra fin le pouvoir temporel des archevêques. Le rôle religieux de Lyon se situera désormais dans une dimension plus spirituelle.

Le Vieux Lyon 4,4 km

Départ du circuit : Station de métro Vieux Lyon, avenue du Doyenné, face à l'avenue Adolphe-Max

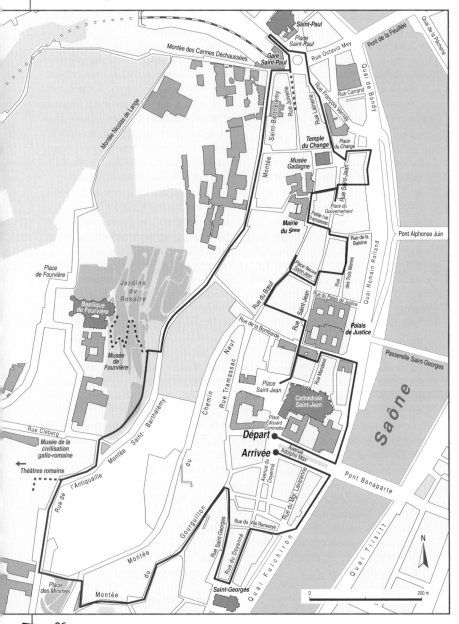

Sur la rive droite de la Saône, au pied de la colline de Fourvière, le quartier du Vieux Lyon témoigne de la richesse de la ville à la Renaissance. Visité par les rois et les papes, les artistes et les écrivains y côtoyèrent jadis marchands et banquiers venus d'Europe et d'Orient attirés par les « foires franches » qui firent la fortune de la ville. Inscrit par l'Unesco au Patrimoine mondial de l'Humanité et réputé pour ses allées, cours et traboules, tout le quartier fait l'objet d'un vaste programme de restauration qui lui redonne lustre et animation. La plupart des façades et des cours du Vieux Lyon sont à admirer en fonction du temps dont on dispose et des heures d'ouverture des allées des immeubles qui vous permettront de « trabouler ».

Une traboule (terme typiquement lyonnais) est une voie réservée aux piétons, souvent étroite. Elle débute par un couloir d'entrée et traverse un ou plusieurs bâtiments pour relier une rue à une autre. Le terme vient de « tra » (trans) et « bouler » (rouler, traverser) ou « trans-ambulare » (passer à travers). *Vous pouvez vous procurer gratuitement un plan touristique des cours et traboules du Vieux Lyon et des pentes de la Croix-Rousse à l'Office de tourisme de la ville de Lyon.* Nous avons seulement retenu les cours et traboules susceptibles d'être empruntées sans restriction ; la plus grande discrétion est cependant de rigueur pour éviter de déranger les habitants. Il est préférable de parcourir le circuit le matin. En effet, le verrouillage par digicode de nombreuses portes ne laisse l'accès libre que jusqu'à midi pour la distribution du courrier. N'hésitez pas à utiliser le bouton « du facteur » placé en général en bas des digicodes pour ouvrir les portes.

L'itinéraire proposé vous permettra de découvrir, entre autres, la cathédrale Saint-Jean, la très animée rue Saint-Jean, la place du Change, la rue Juiverie avec l'élégante cour de Philibert Delorme, les jardins du Rosaire, la montée du Gourguillon, la place de la Trinité et la rue Saint-Georges, avant de revenir à votre point de départ, avenue du Doyenné.

La tour Rose. *Photo É. S.*

De l'avenue du Doyenné à la montée Saint-Barthélemy 2 km

Place Saint-Jean. *Photo J. L.*

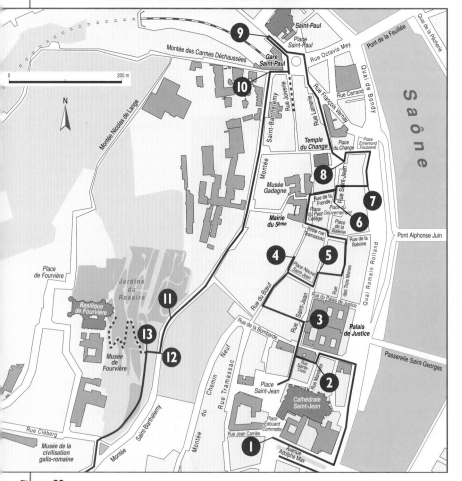

De l'avenue du Doyenné
à la cathédrale Saint-Jean $\boxed{0,5 \text{ km}}$

➊ **Avenue du Doyenné, prendre l'avenue Adolphe-Max sur le côté gauche.** En bordure de trottoir, devant la station de métro, une belle mosaïque sur le sol offre un plan d'ensemble du Vieux Lyon.

Longer le palais Saint-Jean, ancien palais épiscopal implanté ici dès la fin du XIe siècle, avant d'être transformé par Soufflot au XVIIe siècle. Il abrite aujourd'hui une annexe de la bibliothèque et l'Académie des sciences, belles lettres et arts de Lyon, fondée en 1700.

Tourner à gauche sur le quai Romain-Rolland pour découvrir le chevet de la cathédrale Saint-Jean et poursuivre jusqu'à la rue de la Bombarde.

Devant vous, le grand bâtiment aux vingt-quatre colonnes est l'ancien palais de justice construit au milieu du XIXe siècle par Pierre-Louis Baltard (le père). Depuis l'ouverture en 1995 d'un nouveau palais de justice à la Part-Dieu, seules la Cour d'appel et la Cour d'assises sont restées ici.

Prendre à gauche la rue de la Bombarde puis de nouveau à gauche la rue Mandelot qui longe le jardin Archéologique.

La cathédrale Saint-Jean. *Photo J. L.*

➋ **Tourner tout de suite à droite dans la petite rue Sainte-Croix puis à gauche dans la rue Saint-Jean pour gagner la place Saint-Jean.**

La façade de la cathédrale Saint-Jean est mitoyenne sur la gauche de celle de l'ancienne Manécanterie, maison des chantres, qui date du XIe siècle. À l'intérieur du sanctuaire, un dépliant donne toutes les indications pour en découvrir les richesses, notamment la chapelle des Bourbons de style gothique flamboyant, et l'horloge astronomique, la seconde de France en rang d'ancienneté. Face à la cathédrale, la colline s'élève vers la basilique de Fourvière. À la base, un espace vert est venu remplacer un îlot d'habitations emportées par un tragique glissement de terrain en 1930 (dalle commémorative).

Gargouilles de la cathédrale
Saint-Jean. *Photo CDT – C. F.*

De la cathédrale Saint-Jean au quai Romain-Rolland

0,8 km

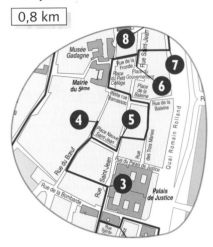

Revenir rue Saint-Jean pour voir, au n° 37, la maison du Chamarier (chanoine chargé de la garde et des clefs du cloître, qui veille à la police et à la voirie à l'intérieur de l'enceinte canoniale). La cour intérieure vient d'être superbement restaurée.
Poursuivre jusqu'au n° 54.

❸ Emprunter la « Longue Traboule », comprenant six petites cours et traversant plusieurs immeubles, pour ressortir au n° 27 de la rue du Bœuf. La prendre sur la droite jusqu'au n° 16.

❹ Accéder par un très beau portail à une des plus somptueuses demeures du Vieux Lyon : la Tour rose (située dans la cour au fond du couloir).
Revenir un peu sur ses pas jusqu'à la place Neuve-Saint-Jean. Ne pas manquer d'observer à un angle la statue du bœuf qui a donné son nom à la rue.
Traverser la place et reprendre la rue Saint-Jean sur la gauche pour aller voir au n° 28 la cour réunissant deux immeubles.

❺ Emprunter, au n° 27, cours et traboule pour ressortir au n° 6 rue des Trois-Maries. Elle doit son nom à une sculpture très populaire que l'on peut voir au n° 7. Aux nᵒˢ 4, 5, 17, et 19, admirer de belles façades et des cours intéressantes.
Poursuivre cette rue sur la gauche jusqu'à la place de la Baleine. Traverser la place, reprendre la rue Saint-Jean sur la droite puis de suite à gauche la Petite rue Tramassac pour rejoindre la place du Petit-Collège où se trouve l'annexe de la mairie du 5ᵉ, ancien collège de jésuites. Le très bel escalier intérieur est visible aux heures d'ouverture. Un peu plus loin à droite, à l'angle de la montée du Garillan, l'hôtel-musée de Gadagne abrite le musée Historique de la ville de Lyon et le musée international de la Marionnette.
Regagner la rue Saint-Jean par la rue de la Fronde pour aller « jeter un coup d'œil » à droite à la place du Gouvernement.

❻ Revenir jusqu'au n° 9 ou au n° 7 rue Saint-Jean (ou les deux successivement) qui sont de magnifiques cours traboules permettant de rejoindre le quai Romain-Rolland.

Traboule du Vieux Lyon. *Photo J. L.*

La Renaissance à Lyon

Le XVIe siècle est le temps de la grande prospérité de la ville. Sa situation géographique sur un « isthme européen », point de passage obligé entre les pays méditerranéens et le bassin parisien, est un atout considérable. La nature fournit au site des éléments à la fois de défense et de confluence : d'une part des éléments naturels comme le plateau de la Croix-Rousse et l'acropole de Fourvière qui domine de 130 mètres l'étroit goulet de Pierre-Scize, d'autre part des éléments artificiels constitués par l'endiguement de la Saône et du Rhône et par la conquête des zones insalubres des « lônes » et des îles submersibles des Brotteaux.

Cour Philibert-Delorme. *Photo J. L.*

Dans les années 1530, de grands écrivains séjournent à Lyon : Rabelais, Marot, Étienne Dolet. Dans la décennie suivante, une « école lyonnaise » de la poésie s'illustre avec Maurice Scève, Pernette du Guillet et Louise Labé, la « Belle Cordière ».

Mais c'est l'économie qui de 1480 à 1580 fait le renom de la ville. Elle est stimulée par l'établissement de quatre foires de marchandises et de change et par l'installation de grandes maisons de commerce italiennes. Lyon permet le transit Méditerranée – Pays-Bas – Angleterre. Elle exporte draps, toiles, fils de chanvre, safran, livres et elle importe, pour l'ensemble du royaume, des marchandises de luxe telles les soies et les soieries. Ces activités commerciales suscitent le développement de la banque, de l'assurance, de la manufacture. Le crédit est souvent fourni par de grands marchands étrangers

qui procurent même l'argent nécessaire aux emprunts d'une monarchie qui a appris à considérer Lyon comme un coffre à deniers. Dans le domaine de l'imprimerie et de la librairie, Lyon rivalise avec Venise ou Anvers. En 1536, le roi octroie des privilèges pour la fabrication des velours et taffetas à Lyon et, lorsqu'en 1554 la soierie lyonnaise reçoit ses premiers statuts, elle fait déjà vivre quelques 12 000 personnes.

La ville, cosmopolite, atteint probablement 60 000 âmes mais demeure centrée autour de la Saône où la prospérité a dessiné une géographie sociale des quartiers. Les marchands étrangers ont leurs résidences de part et d'autre du pont de Saône. Plus on s'éloigne du pont, plus les quartiers sont humbles : Saint-Georges, les Cordeliers, les Terreaux, Saint-Vincent, les pentes de la Croix-Rousse, lieux du dévidage de la soie. La Renaissance n'a pas laissé d'édifices publics importants mais de belles constructions particulières, de nouveaux remparts à Saint-Just et à la Croix-Rousse et l'achèvement du nouveau pont de la Guillotière en 1560. Les plus grandes mutations de la ville viendront de la Réforme qui trouvera à Lyon un milieu favorable dû à ses immenses ressources financières.

Du quai Romain-Rolland
à la montée Saint-Barthélemy | 0,7 km |

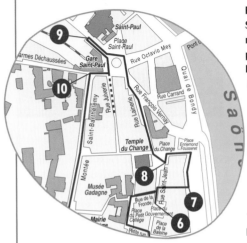

Poursuivre la rue Lainerie jusqu'à la place Saint-Paul et la traverser. Gagner l'esplanade à droite de la gare (terminus et plate-forme de retournement du trolleybus n° 1). Une belle vue plongeante s'offre sur l'église Saint-Paul et sa coupole octogonale, ainsi que sur le revers des grands immeubles construits à la fin du XIXᵉ siècle par la Société de logements économiques et d'alimentation, créée par quatre industriels lyonnais. Plus de 1 500 logements furent ainsi réalisés, ancêtres des HLM d'aujourd'hui.

—❾ Revenir sur ses pas en direction de la place Saint-Paul pour faire une incursion rue Juiverie. Cette rue est bordée de plusieurs beaux hôtels et notamment, au n° 8, du magnifique hôtel Bullioud dans la cour duquel on peut admirer une élégante galerie sur trompes, œuvre de Philibert Delorme à son retour d'Italie vers 1536. C'est l'une des plus belles réussites de l'architecture Renaissance à Lyon.

Revenir sur ses pas et prendre à gauche, trottoir de gauche, la montée Saint-Barthélemy.

—❼ Prendre le quai Romain-Rolland sur la gauche. Au n° 3, le dernier balcon-terrasse rappelle que tous ces immeubles, jusqu'à la construction du quai au début du XIXᵉ siècle, avaient les pieds dans l'eau. **Tourner à gauche place Ennemond-Fousseret.** Au n° 1, entrer dans l'allée pour voir l'escalier à vis sans noyau central.

Gagner ensuite la place du Change qui doit son nom à la loge du Change, ancienne et première bourse de commerce reconstruite au XVIIIᵉ siècle sur les plans de Soufflot. Sur cette place et alentour se tenaient, depuis le Moyen Âge, les changeurs de monnaie lors des foires de Lyon.

Admirer au n° 2 de la place du Change la très belle façade de la maison Thomassin.

—❽ Traverser la place pour gagner la rue Lainerie. Le n° 14 présente une très belle façade gothique du XVᵉ siècle. Au n° 10, une restauration toute récente permet d'admirer un autre exemple d'escalier sans noyau central, avec main courante creusée dans le mur.

Maison Thomassin. *Photo J. L.*

Flâner dans le Vieux Lyon

Bouchon lyonnais. *Photo J. L.*

Faute d'entretien pendant plusieurs siècles, le Vieux Lyon devenu un quartier vétuste a échappé de peu à la destruction pour cause d'insalubrité dans les années 1950.

La création en 1958 de l'association Renaissance du Vieux Lyon, puis celle en 1964 du secteur sauvegardé du Vieux Lyon (le premier créé en France par André Malraux) ont été à l'origine de la restauration de son patrimoine exceptionnel.

Ce lieu historique, aux demeures Renaissance colorées, est désormais devenu incontournable pour les Lyonnais et les touristes du monde entier. En plus de l'attrait des « belles pierres », ils peuvent flâner dans des rues et ruelles en partie piétonnières, bordées, dès les beaux jours, des terrasses animées de nombreux cafés et restaurants.

Les activités proposées sont très variées :
– visites de musées : le musée Gadagne consacré à l'histoire de Lyon et à la marionnette, le musée international de la Miniature ;
– commerces en tous genres à découvrir : magasins de souvenirs, bouquineries, galeries d'art, magasins de mode, etc. ;
– ateliers d'artisans : poterie, ébénisterie d'art, verre soufflé, sérigraphie, joaillier, horloger, luthier, tisserand, photographe, sculpteur, etc. qui vous permettront d'admirer leurs créations,
– échoppes insolites comme, au n° 17 rue Saint-Jean, une extraordinaire boutique de plantes vertes, espèce de jungle peuplée de bonsaïs, plantes carnivores et autres cactées, ou au n° 3 rue Soufflot, un atelier où des ardoises sont

découpées en forme de silhouettes (chats, cochons, carafes, etc.) ou encore, au n° 21 rue des Trois-Maries, un artisan spécialisé dans la création et la fabrication de chaussures, sandales et accessoires en cuir.

Pour calmer une petite ou une plus grande faim, les restaurants (gastronomiques, bouchons lyonnais, cuisine étrangère) sont nombreux ainsi que les salons de thé, pubs, glaciers, crêperies et autres gaufreries.

Le soir venu, cafés-théâtres, discothèques, salles de concerts, dîners dansants et cabarets aux thèmes variés offrent un panel très large pour se divertir.

Des marchés originaux s'installent chaque dimanche matin :
– sur le quai Romain-Rolland, le marché de la Création, réservé à la création pure, où artistes professionnels et artistes amateurs se côtoient, chacun sur un secteur défini ;
– plus loin, sur le quai de Bondy, le marché de l'Artisanat et des Métiers d'art est réservé aux artisans, producteurs transformateurs ;
– chaque deuxième week-end de septembre, du côté de la place Saint-Jean, le marché des Tupiniers réunit cent soixante-dix potiers sélectionnés parmi les meilleurs de France et d'Europe.

2 De la montée Saint-Barthélemy à l'avenue du Doyenné

2,4 km

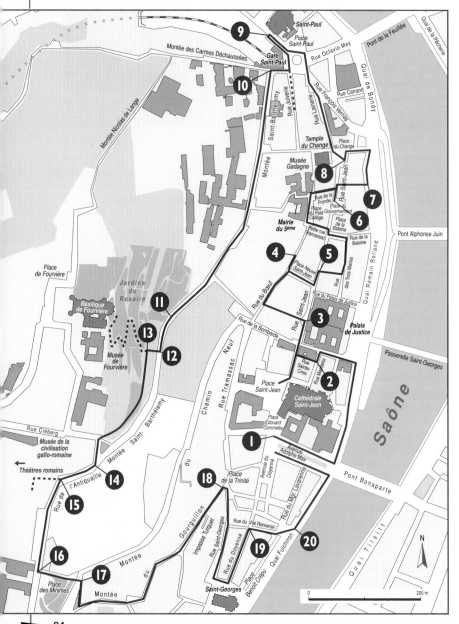

De la montée Saint-Barthélemy à la place des Minimes · 1,3 km

—⑩ Partir à l'assaut de la colline par la montée Saint-Barthélemy. Dès le départ, admirer, à gauche, l'hôtel Paterin (entrée au n° 4 rue Juiverie), communément appelé maison de Henri IV (buste). C'est une construction typique de la grande époque lyonnaise.

Observer à gauche plusieurs « montées » en escalier débouchant sur la montée Saint-Barthélemy : d'abord la ruelle Punaise, ancienne rue égout à ciel ouvert qui rejoint en pente raide la rue Juiverie, puis la montée du Change, la montée du Garillan, et enfin la montée des Chazeaux (autrefois montée de Tire-Cul). Toutes ces montées, par plus ou moins de marches, ramènent au cœur du Vieux Lyon.

Au n° 17 de la montée Saint-Barthélemy, derrière la porte d'entrée, se niche un des derniers escaliers à balustres de bois du XVIIᵉ siècle. Au n° 25, la villa Florentine, ancien couvent (XVIIᵉ- XVIIIᵉ) transformé en hôtel, ménage un magnifique point de vue sur la ville.

—⑪ Passer devant l'entrée des jardins du Rosaire et poursuivre la montée jusqu'au n° 42ᵇⁱˢ où se trouve Lorette, l'ancienne maison de Pauline-Marie Jaricot, lyonnaise fondatrice de l'œuvre mondiale de la Propagation de la foi. L'ensemble de l'habitation vient d'être restauré.

—⑫ Emprunter au n° 42 le passage (montée Cardinal-Louis-Marie-Billé) qui permet de rejoindre les jardins du Rosaire.

▶ En continuant de monter jusqu'en haut des jardins du Rosaire, on peut atteindre la base du chevet de la basilique puis monter jusqu'à l'esplanade de Fourvière.

—⑬ Prendre à gauche, au-dessus de la maison Jaricot, l'allée en berceau dont le sol évoque les « mystères » du rosaire. Elle conduit à une sortie sur la rue de l'Antiquaille.

—⑭ Descendre la rue de l'Antiquaille en longeant l'ancien hôpital de l'Antiquaille, actuellement désaffecté, jadis propriété de Pierre Sala, plus tard couvent de trinitaires.

—⑮ Entrer en face, à droite, dans le jardin public pour profiter du point de vue sur les théâtres gallo-romains.

Continuer ensuite la descente pour arriver place des Minimes.

Ⓜ Station Les Minimes du funiculaire Saint-Jean – Saint-Just.

L'hôtel Paterin. *Photo J. L.*

De la place des Minimes à la place de la Trinité | 0,5 km |

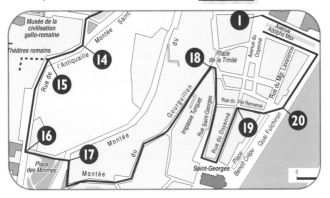

—**16** Place des Minimes, tourner immédiatement à gauche, descendre le long du mur et traverser la montée du Chemin-Neuf.

—**17** Prendre à droite, en contrebas, la rue des Farges, puis à gauche la montée du Gourguillon. Les eaux de pluie la dévalaient autrefois en torrent, d'où son nom déformé de gargouille. Après son couronnement à Lyon en 1305, le pape Clément V y tomba de sa mule et perdit une émeraude de sa tiare au milieu de la foule massée sur son passage. La légende dit qu'on la cherche encore…

Descendre la montée du Gourguillon. À la hauteur de la charmante place Beauregard, ne pas manquer le point de vue sur Saint-Georges et la Saône.

Poursuivre la descente en s'arrêtant pour voir, au n° 5 sur la droite, l'impasse Turquet et ses pittoresques galeries suspendues à pans de bois.

▶ Au n° 2, sur la gauche, si l'entrée est ouverte et si le courage ne vous fait pas défaut, vous pouvez aller parcourir la traboule la plus longue et la plus haute du quartier (environ 115 m, neuf étages réels mais près de onze de dénivelé). La sortie du haut, sur la montée du Chemin-Neuf, est

Groupe de randonneurs devant le café du Soleil. *Photo J. L.*

condamnée mais un bouton permet de déclencher la serrure. On peut entreprendre un aller et retour ou tout au moins admirer la cour et les deux premiers étages de l'immeuble de départ.

Achever la descente pour atteindre la place de la Trinité. Caractéristique du Moyen Âge, elle est entourée de maisons curieuses. Celle du fond, qui date du XVIIe siècle, avec ses deux statues (la Vierge et saint Pierre), doit son nom et son emblème à la famille Barou du Soleil. Elle sert de décor traditionnel au théâtre de Guignol. *Le Café du Soleil* est le premier café de Lyon à avoir obtenu une licence.

De la place de la Trinité
à l'avenue du Doyenné $\boxed{0,6 \text{ km}}$

―⑱ Tourner à droite dans la rue Saint-Georges. Au n° 2, si la porte est ouverte, aller admirer la cour et l'escalier s'ouvrant à chaque étage sur des galeries ovales. La rue Saint-Georges suit le tracé d'une voie romaine. Elle est bordée de nombreuses maisons anciennes où plusieurs artisans se sont installés.

Poursuivre jusqu'à l'église Saint-Georges. Elle ne garde que quelques traces du sanctuaire précédent, construit en 1498 et dépendant de la commanderie des chevaliers de Malte démolie en 1860 après un incendie. L'église actuelle a été construite sur les plans de Pierre Bossan, l'architecte de Fourvière, qui la qualifiait de péché de jeunesse.

Revenir par la voie parallèle, la rue du Doyenné, dans laquelle était situé l'hôtel du doyen du chapitre de Saint-Jean, d'où son nom. Elle est également bordée de maisons anciennes.

―⑲ Quitter la rue du Doyenné sur la droite par la rue du Viel-Renversé (sans doute l'enseigne d'une vielle ou d'un violon).

Rejoindre la place Benoît-Crépu, autrefois port d'amarrage des nautes : le port Sablé. **Prendre, sur la gauche, le quai Fulchiron.**

―⑳ Passer, au n° 7, devant un immeuble à décors mauresques réalisé en 1845 par Pierre Bossan pour une famille lyonnaise.

Au bout du quai Fulchiron, retrouver l'avenue Adolphe-Max d'où l'on a un beau point de vue sur l'ensemble composé par la cathédrale et l'ancien archevêché.

Il ne reste plus qu'à revenir au point de départ sans omettre de saluer, veillant au milieu d'une petite place à gauche, la statue de Laurent Mourguet, créateur de Guignol, le plus célèbre des Lyonnais !

Laurent Mourguet.
Photo J. L.

L'Est de Lyon 14,5 km

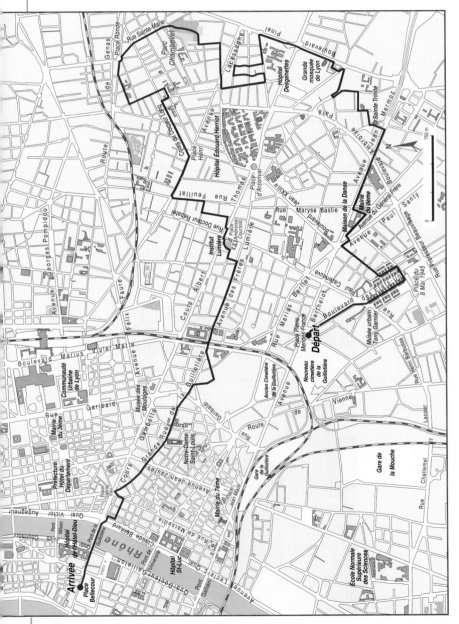

Les États-Unis, Montchat, Monplaisir et la Guillotière

Départ du circuit : Fontaine Pierre Mendès-France, au carrefour du boulevard des États-Unis et de l'avenue Berthelot (tramway T2, bus n° 53 et 36)

Ce circuit traverse les 8ᵉ, 3ᵉ et 7ᵉ arrondissements qui sont moins fréquentés par les touristes que les arrondissements des circuits précédents mais cependant passionnants à découvrir. Vous débuterez par les « États-Unis ». La construction du quartier, de 1917 à 1933, coïncide avec la reconnaissance que la population vouait alors à l'armée américaine pour son intervention aux côtés des armées alliées pendant la Première Guerre mondiale, ce qui est probablement à l'origine de son appellation. L'ensemble des cités HBM (Habitations à bon marché) bâties par l'architecte Tony Garnier se dégradait. À partir de 1985, le quartier a été réhabilité et embelli par une série de vingt-cinq murs peints (véritable musée à ciel ouvert) tous plus surprenants les uns que les autres qui rendent hommage à l'œuvre de ce grand bâtisseur. Vous longerez ensuite la maison de la Danse, salle de spectacle uniquement consacrée à cet art puis, par un long cheminement que vous pouvez éventuellement éviter en prenant le tramway (ligne T2, direction Saint-Priest) vous arriverez à la Grande Mosquée de Lyon construite dans les années 1990 qui dresse vers le ciel son minaret surmonté du croissant doré. Votre périple vous fera ensuite traverser les « villages » de Montchat et de Monplaisir, berceau du cinématographe, où les frères Lumière tournèrent *Le Premier Film* en 1895. En fin de parcours, vous reviendrez dans le « centre-ville » par la populaire et animée Grande-Rue de la Guillotière, ancienne voie romaine menant vers les Alpes et la Provence.

Avenue des États-Unis. *Photo J. L.*

1

Du boulevard des États-Unis
à la Grande Mosquée

4,3 km

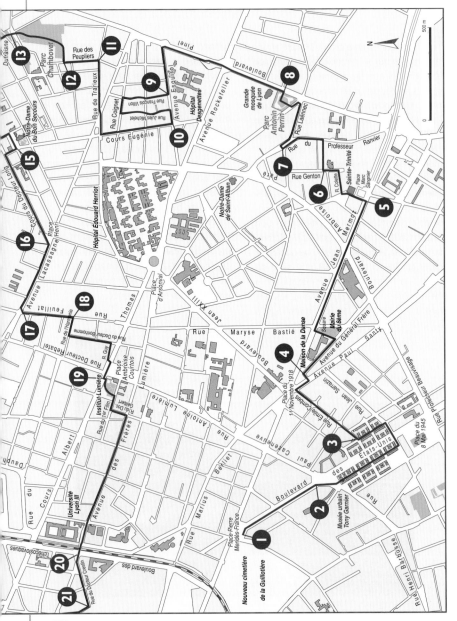

Du boulevard des États-Unis à la maison de la Danse

$\boxed{2,1 \text{ km}}$

➊ Débuter le circuit à la grande fontaine circulaire Pierre Mendès-France, située dans l'avenue Berthelot à l'embranchement du boulevard des États-Unis.

T Tramway, ligne T2 en provenance de Perrache, arrêt Jet-d'Eau – Mendès-France.

B Bus n° 53 en provenance de Bellecour et n° 36 en provenance de la Part-Dieu : arrêts Jet-d'Eau – Mendès-France.

À gauche du bassin du jet d'eau, admirer les trois récents murs peints sur le thème des cités idéales : *Babel* et *La Tour de Babel*.

Remonter le boulevard des États-Unis jusqu'au carrefour de la rue Paul-Cazeneuve, sans manquer de contempler à gauche, à l'angle de la rue Villon, la fresque de Shangaï.

➋ **Traverser la rue Paul-Cazeneuve et se diriger à droite vers la table d'orientation du musée urbain Tony-Garnier** située à côté de l'arrêt de bus Serpollières. Au n° 4 de la rue des Serpollières, le musée urbain Tony-Garnier est ouvert (sauf le lundi) de 14 h à 18 h.

Emprunter le cheminement piétonnier entre les immeubles et suivre les tables explicatives des différents murs peints. Aboutir rue Jean-Sarrazin. Tourner à gauche, traverser le boulevard des États-Unis. Remarquer de part et d'autre la toiture moderne du marché sur la vaste place du 8-Mai-1945 et la structure du Centre international de séjour de Lyon (C.I.S.L.) adossé à l'église Saint-Jacques (construite en 1937 et inachevée).

Continuer rue Jean-Sarrazin et tourner de suite à gauche rue Wakatsuki (table n° 18) pour découvrir d'autres murs peints.

➌ **Tourner à droite** (table n° 22) **dans la paisible rue Émile-Combes et la suivre jusqu'à l'avenue Paul-Santy. Traverser l'avenue.** Admirer de part et d'autre de la place du 11-Novembre-1918 la médiathèque du 8e arrondissement et la maison de la Danse adossée à la mairie du 8e.

T Tramway, ligne T2, direction gare de Perrache ou Saint-Priest.

L'allée entre les « HBM » du boulevard des États-Unis. *Photo J. L.*

(T) ony Garnier (1869 – 1948), architecte et urbaniste, est né à la Croix-Rousse. Formé à l'École technique de la Martinière, il a poursuivi ses études à l'École des beaux-arts de Lyon puis à celle de Paris. Il a obtenu le grand prix de Rome en 1899.

À la villa Médicis, où il est pensionnaire durant quatre ans, Tony Garnier, sensible aux mutations industrielles et sociales de l'époque, dessine les plans d'une idéale et utopique *Cité industrielle*. Puis il s'installe à Lyon où le maire, Victor Augagneur, lui confie des travaux comme la Laiterie-Vacherie du parc de la Tête-d'Or. Mais c'est surtout Édouard Herriot, maire visionnaire du xxᵉ siècle, qui lui permet de réaliser de grands travaux de modernisation.

La halle Tony-Garnier (1909 – 1928)

Située à l'origine au cœur du vaste ensemble des abattoirs de la Mouche (25 ha), c'est une structure métallique, à rotules, sans pilier central, de 210 m par 80 m de large. Sa superficie est de 17 000 m². Elle fut utilisée pour la première fois en 1914 pour l'Exposition internationale de Lyon. Réquisitionnée, au cours de la Première Guerre mondiale, elle fut transformée en usine d'armement. À partir de 1928, elle abrita le marché aux bestiaux de l'agglomération. Inscrite, avec ses deux pavillons d'entrée, à l'Inventaire des monuments historiques depuis 1975, elle a échappé, en 1978, à la destruction des abattoirs. En 1988, sa réhabilitation, sous forme

d'une salle modulable et polyvalente, permet d'accueillir jusqu'à 20 000 personnes pour des concerts, ballets, salons, expositions et autres manifestations sportives. En 2000, pour améliorer les conditions d'accueil une rénovation a été nécessaire.

Le stade de Gerland (1914 – 1926)

Construit à partir de 1913, cet ouvrage en béton armé n'a été inauguré qu'en 1926. Conçu à l'origine comme un stade olympique de forme ovoïde, dans la tradition gréco-romaine, ses quatre entrées monumentales sont classées « monuments historiques ». Au fil du temps, ce stade omnisports a été transformé en stade de football. Avec deux grandes rénovations pour l'Euro 84 et la Coupe du Monde de 1998, sa capacité a été portée à 45 000 places sans que sa façade ne soit modifiée.

L'hôpital Édouard-Herriot ou Grange-Blanche (1910 – 1933)

Tony Garnier s'inspirant de ses principes d'urbanisme a conçu un système pavillonnaire intégrant la verdure. Cet hôpital comporte vingt et un pavillons d'hospitalisation et douze pavillons de service, reliés entre eux par un réseau de communications souterrain permettant en particulier le transport des malades. Chaque pavillon de deux étages est percé de nombreuses fenêtres et est recouvert d'un toit-terrasse.

La halle Tony-Garnier. *Photo É. S.*

Le quartier des États-Unis

En 1917, la municipalité décide de réaliser un boulevard industriel dans la banlieue sud-est de Lyon entre la Guillotière et Vénissieux : les usines Berliet sont déjà installées sur le site. Tony Garnier est désigné pour coordonner la construction d'un ensemble d'Habitations à bon marché (HBM) pour loger les ouvriers.

Un forte demande de logements l'oblige, pour des raisons économiques, à concevoir quarante-neuf immeubles dont l'architecture est un peu éloignée de son projet initial. Celui-ci ne prévoyait que trois étages (au lieu des cinq construits) et l'installation de douches et du chauffage central. À partir de 1985, l'intérêt architectural de ce quartier étant reconnu, il a été entièrement restauré et modernisé.

Le monument aux morts du parc de la Tête-d'Or (1920 – 1930)

Situé sur l'île aux Cygnes, le monument a été érigé à la mémoire des Lyonnais morts pour la France. Tony Garnier a réussi à concilier le site et l'architecture pour accueillir une imposante sculpture réalisée par Jean et Auguste Larrivé.

Les villas à la romaine (années 1910)

Des trois maisons individuelles édifiées par Tony Garnier, seule reste encore la deuxième villa inspirée de la *Cité industrielle* et construite dans le quartier de Saint-Rambert. Réalisée en béton armé, elle a été conçue pour Catherine Garnier, épouse de l'architecte.

L'usine Mercier-Chaleyssin (1913 – 1914)

Située 4 rue Boileau, dans le 6e arrondissement, c'est l'une des rares commandes privées de l'œuvre de Tony Garnier. Cet élégant bâtiment doté d'une tour d'angle était destiné à accueillir une fabrique de meubles.

Le central téléphonique Vaudrey (1919 – 1927)

Situé à l'angle des rues Vaudrey et Vendôme, c'est le reflet de la modernité du moment.

L'École de tissage (1927 – 1933)

Au 43 cours Général-Giraud, dans le 4e arrondissement, cet ensemble de bâtiments regroupe locaux d'enseignement et ateliers destinés à la formation de techniciens spécialistes de l'activité textile.

Le musée urbain Tony-Garnier

La réhabilitation des Habitations à bon marché (HBM) du quartier des États-Unis est lancée en 1985. Les travaux portent pour l'essentiel sur les façades, la création de salles de bain et l'installation d'ascenseurs. En 1988, à l'initiative des habitants, des artistes de la Cité de la création conçoivent et réalisent vingt-cinq peintures monumentales sur les murs des immeubles. Trois d'entre elles servent d'introduction : l'une représente Tony Garnier et sa signature, une deuxième les années 1900 et le monde d'Émile Zola, la troisième le plan du musée urbain. La fresque intitulée *Chez Tony Garnier* représente sa villa. Les onze autres murs peints sont des représentations des planches réalisées par Tony Garnier sur son œuvre majeure *La Cité industrielle*, quatre sont dédiées aux grands travaux qu'il a réalisés pour la ville de Lyon et les six dernières proposent des visions contemporaines de la cité idéale conçues par des artistes de diverses nationalités.

Elles sont à l'origine de la création en 1991 de l'association du musée urbain Tony-Garnier. Son but est de promouvoir ce site culturel unique et de faire connaître l'œuvre de l'architecte. Avec le plus bel ensemble de peintures murales de Lyon, son appartement musée des années 1930 et son espace d'accueil et d'exposition, ce musée en plein air, insolite et monumental, est voué à la beauté dans la ville.

De la maison de la Danse à la Grande Mosquée de Lyon

2,2 km

Le long parcours de la maison de la Danse à la Grande Mosquée est d'un intérêt assez limité. Il peut être évité en prenant le tramway (ligne T2, direction Saint-Priest) à l'arrêt Bachut – Mairie du 8ᵉ et en descendant à l'arrêt Vinatier, à proximité de la Grande Mosquée de Lyon.

Si l'on continue à pied :

4 Longer la maison de la Danse par l'avenue du Général-Frère et passer devant le poste de police. Traverser à gauche le square du Corps-Expéditionnaire-Français-en-Italie 1943/1944 pour rejoindre l'avenue Mermoz. Remonter celle-ci à droite sur 650 m en longeant les bâtiments futuristes de la clinique de l'Europe puis la cité des Entreprises.

5 Traverser l'avenue Mermoz au niveau du supermarché *Casino*, longer la place Marc-Sangnier et passer devant l'église de la Sainte-Trinité datant de 1963 (architecte : Pierre Genton), paroisse des Polonais de Lyon. Sur son parvis, observer le moderne campanile.

La Biennale de la danse

La maison de la Danse organise tous les deux ans la Biennale de la danse, manifestation aux thèmes variés, festifs et contemporains. Le point d'orgue de cette manifestation qui inclut musique, costumes, décors et chars est un grand défilé dans les rues de la ville qui regroupe quelque 5 000 acteurs.

La maison de la Danse. *Photo J. L.*

Derrière l'église de la Sainte-Trinité, prendre à droite la rue Colette. Les tranquilles petites maisons individuelles des années 30 voisinent avec les grandes barres HLM toutes proches.
Tourner à gauche rue Genton et traverser pour longer la MJC Laënnec-Mermoz.

—❻ Tourner à droite le long de la MJC et traverser le petit parc situé derrière pour déboucher rue Professeur-Ranvier en face du groupe scolaire Jean-Mermoz. Tourner à gauche et longer le mur.

—❼ En face de la rue Bataille, gravir quelques marches d'escalier pour arriver rue Laënnec. La remonter vers la droite jusqu'à la rue Guillaume-Paradin d'où l'on

découvre le minaret et le dôme de la Grande Mosquée de Lyon.
Traverser la rue Guillaume-Paradin et, à 50 m, pénétrer à gauche dans le jardin Antoine-Perrin. En ressortir sur le boulevard Pinel juste derrière la mosquée.

La Grande Mosquée de Lyon. *Photo J. L.*

La Grande Mosquée de Lyon

Construite par Ballandras et Mirabeau entre 1992 et 1994, grâce au soutien de l'Arabie Saoudite, de l'Algérie, des Émirats-Arabes-Unis, de la Turquie et de la communauté musulmane de l'agglomération de Lyon, la Grande Mosquée de Lyon est un mélange d'art persan et maghrébin. D'une éclatante blancheur, elle comprend, disposés autour d'un patio, une salle de prières pour hommes avec une mezzanine pour les femmes, une salle d'ablutions rituelles, une bibliothèque et des logements. Le tout forme un ensemble équilibré, juxtaposant les volumes sphériques et cubiques de la coupole centrale et du minaret surmonté du croissant doré. C'est aujourd'hui le plus important édifice religieux de la région. La mosquée accueille des fidèles de toute l'agglomération, notamment 1 500 à 3 000 personnes lors de la prière du vendredi et jusqu'à 8 000 personnes pour les grandes fêtes. Outre sa fonction purement religieuse, elle joue un rôle socioculturel : aide alimentaire, soutien aux plus démunis, cours d'arabe et de calligraphie. Elle peut être visitée, en partie, en dehors des heures de prières.

2 De la Grande Mosquée à la place Ambroise-Courtois 6,2 km

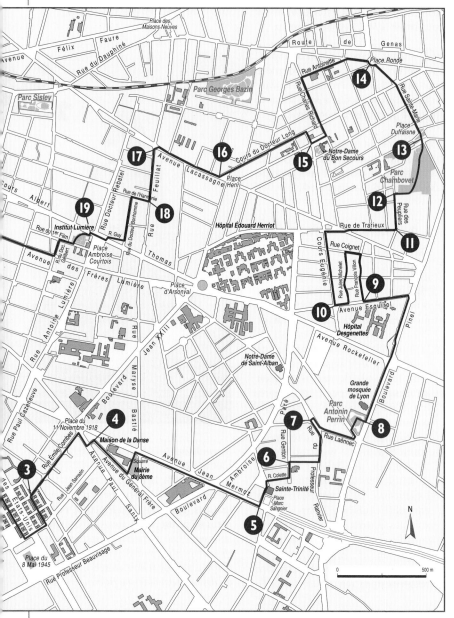

De la Grande Mosquée de Lyon au parc Chambovet

2,7 km

Jardins ouvriers, parc Chambovet. *Photo J. L.*

➒ Tourner à droite dans la rue François-Villon qui serpente entre les villas de ce minuscule havre de paix et de verdure connu sous le nom de « Clos Chaussagne ».

Tourner à gauche rue Coignet puis continuer de flâner entre les villas. Tourner à nouveau à gauche rue Jules-Michelet et revenir sur l'avenue Esquirol pour la prendre à droite sur 50 m.

➑ Remonter le boulevard Pinel jusqu'au carrefour de l'avenue Rockefeller. Sur la gauche, trois énormes réservoirs d'eau sont caractéristiques de leur époque : 1896, 1914 et 1964. Ils contiennent 74 000 m^3 d'eau potable et dominent, à l'altitude de 200 m, toute la ville située sur la rive gauche du Rhône.

T Tramway, ligne T2, direction Grange-Blanche, gare de Perrache

Continuer tout droit sur le boulevard Pinel en longeant à droite le parc (ouvert au public) de l'hôpital départemental du Vinatier et à gauche l'hôpital des Armées Desgenettes. Au carrefour de l'avenue Esquirol, tourner à gauche. Admirer au n° 39 la villa Berliet (1912 - 1928), actuel siège de la Fondation de l'automobile Marius Berliet dont l'objectif est la conservation de l'histoire de l'automobile et du camion (non ouverte au public).
Continuer de descendre l'avenue Esquirol.

➓ Tourner à droite sur le cours Eugénie pour sortir du « Clos Chaussagne » derrière les grands bâtiments de l'Institut international de formation des cadres de santé. Tourner à droite rue de Trarieux, traverser l'avenue Lacassagne et continuer à monter la rue de Trarieux (elle s'appelait autrefois chemin de Plantacul à Chaussagne) jusqu'à l'entrée de la clinique mutualiste.

⓫ Tourner à gauche rue des Peupliers.

⓬ Au niveau de l'impasse Duret, pénétrer dans le parc Chambovet. Traverser cette vaste aire naturelle de loisirs qui jouxte soixante-cinq jardins ouvriers. Elle fut la propriété de René Tavernier (le père du cinéaste) qui hébergea dans sa maison ses amis Elsa Triolet et Louis Aragon.

les États-Unis, Montchat, Monplaisir et la Guillotière

Du parc Chambovet
à la place Ambroise-Courtois 3,5 km

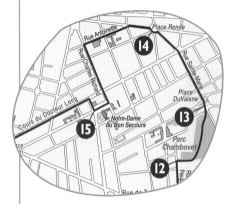

Traverser la rue Jules-Massenet puis (10 m à droite) descendre les escaliers et continuer par la rue Sainte-Marie.

⬤14 **Place Ronde,** aborder le centre du quartier (ou plutôt du « village ») de Montchat. **Emprunter à gauche le cours Richard-Vitton puis tourner rue Antoinette** où l'on remarquera à gauche l'imposante école communale en pierres taillées du groupe scolaire Anatole-France.
Tourner à gauche rue Charles-Richard et remonter jusqu'au château de Montchat. Traverser la place du Château en longeant l'église Notre-Dame-du-Bon-Secours. À l'intérieur de l'église, la famille Richard-Vitton avait ses places réservées.

⬤13 **Ressortir du parc place Charles-Dufraisne** d'où l'on jouit d'un beau panorama sur Fourvière, les monts d'Or et le « Crayon » de la Part-Dieu.

Monchat

L'histoire du quartier de Montchat est intimement liée au nom de la famille Richard-Vitton propriétaire du château et d'un domaine de 78 hectares. En 1858, ils morcelèrent leur propriété en construisant 12 km de rues et places. En contrepartie du don de lots pour la construction de l'église, d'écoles et d'une salle d'asile, ils baptisèrent les rues des noms de leurs parents, de leurs cinq enfants et même du chien (Balthazar). Le château de Montchat fut la demeure du sieur Jehan de Catherin, concierge des prisons royales au XVIᵉ siècle. La reine Christine de Suède y effectua plusieurs séjours au XVIIᵉ siècle et

les Richard-Vitton firent appel à Viollet-le-Duc qui le restaura en y ajoutant créneaux et mâchicoulis. Aujourd'hui, il est transformé en espace de réunions et réceptions.

Le marché de Montchat. *Photo J. L.*

La place Ambroise-Courtois
et le château Lumière. *Photo J. L.*

Se reporter à la carte de la page 106.

15 Tourner à droite devant le bureau de poste pour rejoindre le cours du Docteur-Long (ancien cours Henri). L'emprunter à gauche jusqu'à la place Henri.

16 Quitter la place Henri en prenant, à droite, l'avenue Lacassagne où on peut admirer la fresque qui, sur les 120 m du mur du dépôt d'autobus, raconte l'histoire de cent ans de transports en commun lyonnais. Plus loin, au 115 de l'avenue Lacassagne, d'autres façades peintes par la Cité de la création annoncent l'entrée du « quartier des hôpitaux » en mettant en scène d'illustres savants et médecins lyonnais, de François Rabelais à Marcel Mérieux.

17 Tourner à gauche rue Feuillat et longer le long mur des anciennes usines Rochet-Schneider qui, des années 1900 jusqu'en 1929, ont assis la réputation de « l'industrie lyonnaise de l'automobile » fondée sur la robustesse, la qualité et la sécurité de ses produits.

18 En face du monumental portail d'entrée de l'usine, conservé comme témoignage de l'architecture industrielle du XIXe siècle, **tourner à droite rue de l'Harmonie. Prendre ensuite à gauche l'ombragée rue du Docteur-Bonhomme puis tourner à droite dans la petite rue Guy pour déboucher cours Albert-Thomas,** face à la fresque du monument dédié aux frères Lumière. L'été, il sert d'écran géant lors de projections cinématographiques en plein air. Il surmonte la station de métro dont les gradins sont ornés de laves émaillées évoquant films et cinéastes. **Traverser le cours Albert-Thomas pour aller sur la place Ambroise-Courtois.**

M Métro Montplaisir-Lumière, direction place Bellecour.

Les murs peints

La peinture murale est le premier art connu de l'homme : les premières gravures rupestres datent de plus de 30 000 ans avant notre ère. Si des mosaïques romaines sont visibles au musée Galloromain, rares sont les peintures murales lyonnaises antérieures à la Renaissance, où la technique du trompe-l'œil se développa. La décoration murale intérieure s'est fait connaître à partir du XVIIe grâce à Thomas Blanchet mais c'est au XIXe siècle que L. Janmot, H. Flandrin et surtout P. Puvis de Chavannes lui donnèrent, à Lyon, tout son éclat.

Au début du XXe siècle, la peinture murale extérieure se développe avec la publicité. Mais ce n'est qu'au début des années 1980 avec l'apparition de nouveaux matériaux (peinture acrylique avec le liant constitué de résines) et sous l'impulsion d'artistes (G. Gasquet, R. Granjean) ou d'équipes de peintres (Mur'Art, Cité de la création) que cet art de la rue prend son véritable essor. Actuellement, plus de cent cinquante murs peints sont répartis dans la ville. Ils sont parfaitement respectés par la population et ne sont pratiquement jamais « tagués ».

Vous pourrez voir la plupart d'entre-eux au cours des circuits du topo-guide :

– le mur des Canuts, boulevard des Canuts, créé en 1987 mais remis à jour deux fois, a nécessité trois mille heures de travail et deux tonnes de peinture ;

– la fresque des Lyonnais, rue de la Martinière, véritable « quiz » sur les célébrités lyonnaises ;

– la fresque du Demi-Millénaire, route de Vienne, (hors circuits) : 500 m de fresques sur le mur du centre hospitalier ;

– le musée urbain Tony-Garnier dans le quartier des États-Unis (25 murs illus-

Le mur des Canuts, conçu et réalisé par la Cité de la Création. *Photo J. L.*

trant la pensée de cet architecte visionnaire) ;

– l'ensemble HLM de la Sarra, une des plus récentes réalisations, conçue avec la participation des habitants ;

– un siècle de transports en commun à Lyon, avenue Lacassagne ;

– le mur du Cinéma, place Gabriel-Péri, rappelant que le 7e art est né à Lyon ;

– la cour des Loges sur le quai de Bondy, véritable enseigne artistique d'un hôtel de luxe ;

– le plan scénographique de la ville tiré d'un document d'archives du XVIe siècle, rue des Macchabées ;

– la bibliothèque de la Cité sur le quai Saint-Vincent, en harmonie avec les échoppes des bouquinistes ;

– la fresque de Gerland, en mémoire de la Coupe du Monde 1998 où six matchs se déroulèrent dans ce stade. À ce propos, G. Gambier rapporte l'anecdote suivante : à l'inauguration de la fresque, les écrans de télé représentés étaient vierges ; pendant le match Iran – États-Unis, un peintre est descendu en rappel et a inscrit le résultat au coup de sifflet final. Les spectateurs sortant du stade découvrirent le score peint et se posèrent alors des questions sur la « sincérité » du match !

La première automobile est-elle lyonnaise ?

En 1885, Claude Mieusset met au point le premier moteur trois cylindres. Il en équipe un véhicule qui circule sur les chemins de notre région et se conduit à l'aide d'un guidon (le volant n'existant pas encore). Il aurait devancé de quelques mois l'Allemand Benz, considéré comme le constructeur de la première voiture roulant en 1886.

C'est le début de la grande aventure de l'automobile. Le quartier de Monplaisir accueille les pionniers de cette industrie naissante : Audibert & Lavirotte (1896) et son double-phaëton de 16 CV avec un moteur bicylindre horizontal à l'avant et transmission par chaînes silencieuses ; son prix était de 7 500 francs soit environ 22 800 euros ; Rochet-Schneider (1900), Pilain (1902), Cottin-Desgouttes (1902), Berliet (1902), dont le plus gros camion du monde, le « T100 BERLIET », construit en 1957 et sorti en quatre exemplaires, d'un poids total en charge de 100 tonnes a été conçu pour déplacer, sans démontage, une plate-forme de recherche pétrolière dans les dunes du Sahara…

La sous-traitance est également omniprésente : les pneus et leur odeur âcre de caoutchouc brûlé lors de la vulcanisation (établissement Gouillardon et Gaudry), la fabrication des avertisseurs automobiles (Éts Louis Teste) actionnés au moyen d'une poire en caoutchouc (dénommés plus tard klaxons) dont usaient largement les intrépides chauffeurs de l'époque, et bien d'autres fondeurs de cuivre, chaudronniers et robinetiers.

Les prototypes roulent sur nos chemins avant de s'attaquer à des records tels que l'ascension du Galibier par la seule force du moteur à explosion ou les 1711 km de Paris-Marseille-Paris à 45 km/h ! Mais l'automobile inquiète. En décembre 1896, la revue médicale *L'Écho des Praticiens* met en garde ses lecteurs : les gens des villes vont mourir : « On a remplacé le crottin par l'acide carbonique ».

Automobile Audibert & Lavirotte. *Photo F. B.*

3 De la place Ambroise-Courtois à la place Bellecour

4 km

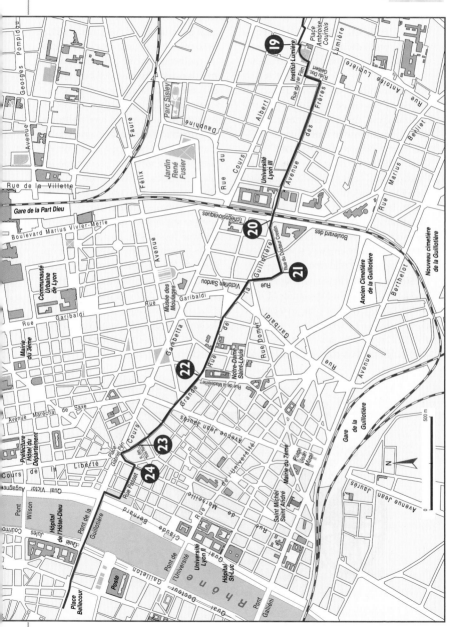

De la place Ambroise-Courtois
au boulevard des Tchécoslovaques 1,2 km

—⑲ Après avoir admiré le château Lumière, parcourir 15 m à droite sur le cours Albert-Thomas et pénétrer dans le jardin du château Lumière. Le traverser et en ressortir rue du Premier-Film. Emprunter celle-ci à droite et longer le mur des anciens ateliers Lumière où le premier film fut tourné en 1895.

Atteindre la rue Docteur-Gelibert et la prendre à gauche en passant sous la passerelle du lycée. Aboutir avenue des Frères-Lumière (ancienne Grande-Rue de Monplaisir). Remarquer en face, légèrement à gauche, le fronton du *Cristal Palace*, ancien cinéma construit en 1921 qui, outre une salle de projection de 500 places, comportait au sous-sol un ring accueillant les matchs de boxe et, au premier étage, une salle de bal s'ouvrant sur un balcon.

Descendre à droite l'avenue des Frères-Lumière.

Remarquer ensuite à l'angle de la rue Villon, la villa Winckler, imposante demeure d'un fabriquant de bière originaire du Jura, dont le style rappelle celui du Château-Lumière. Au n°49, un grand porche s'ouvrant sur une allée au plafond à la française débouche sur une vaste cour intérieure accessible aux voitures à chevaux. C'est le vestige d'un des relais de poste qui jalonnaient jadis la route royale 6 : « route des Alpes et du Dauphiné ».

Continuer à descendre l'avenue et passer à côté de l'ancienne manufacture des Tabacs, construite en 1912, et dont la façade, ornée de linteaux de fonte, imite des briques rouges. Les premières « Gauloises » en sortirent vers 1928. Elle abrite aujourd'hui l'Université Lyon III – Jean-Moulin.

Traverser le pont du chemin de fer et le boulevard des Tchécoslovaques.

L'université Lyon III – Jean-Moulin (ancienne manufacture des Tabacs). *Photo J. L.*

Lyon, berceau du septième art

Le château Lumière.
Photo J. L.

Arrivé à Lyon en 1870, Antoine Lumière devient rapidement un photographe-portraitiste renommé. Ses fils aînés, Auguste (né en 1862) et Louis (né en 1864) diplômés de l'École industrielle de la Martinière se consacrent à la recherche et à l'expérimentation. Leur génie inventif les amène à découvrir de nouveaux procédés photographiques.

Les boîtes aux « étiquettes bleues » vont faire la fortune et la célébrité de la famille. Elles contiennent les fameuses plaques sèches au gélatino-bromure d'argent inventées en 1881 par Louis, âgé seulement de 17 ans, qui permettent *l'instantané photographique*. En 1904, il invente l'autochrome, procédé de *photographie couleur sur plaque de verre*. Fabriquées à l'usine de Monplaisir (transférée en ce lieu depuis 1882), il en sortira jusqu'à 6 000 plaques par jour en 1913, et elles ne seront détrônées qu'une trentaine d'années plus tard par la pellicule photo souple de Kodak.

Dès 1894, Antoine Lumière incite ses fils à s'intéresser aux images animées et, en 1895, les frères Lumière déposent le brevet du Cinématographe. Cette première « caméra de prise de vues à manivelle » qui permet également la projection, utilise une bande souple et transparente aux bords régulièrement perforés. C'est avec le Cinématographe n°1, pièce unique visible au musée de l'Institut Lumière, qu'ils tournent *La Sortie des Usines Lumière*, première mise en scène d'ouvriers endimanchés pour l'occasion !

Plusieurs projections privées ont lieu dont une à laquelle assiste Méliès qui, complètement émerveillé, essaye d'acheter ce cinématographe. Mais Auguste Lumière refuse, prétextant que cette invention n'a aucun avenir autre que scientifique et n'apportera que ruine financière !

La première séance publique commerciale a lieu à Paris le 28 décembre 1895 dans le salon Indien du *Grand Café* du boulevard des Capucines. Si les trente-trois spectateurs de cette « première » furent des privilégiés, ils furent aussi les précurseurs d'un concept que les frères Lumière allaient développer : la salle de cinéma et son entrée payante. La première est née en 1896 à Lyon, rue de la République…

Producteurs et distributeurs de films, les frères Lumière imposèrent leur marque et leur style en formant des opérateurs issus de leur école et envoyés aux quatre coins du monde. Leur catalogue comprendra 1 428 films : courts métrages d'une minute, comédies, expositions, vues de paysages, scènes de la vie quotidienne, actualités officielles, défilés et autres exercices militaires, dont l'histoire retiendra surtout la valeur de témoignage apporté sur la fin du XIXe siècle. Aujourd'hui, une association bâtie par une poignée d'apôtres et présidée par le renommé réalisateur d'origine lyonnaise Bertrand Tavernier *(L'Horloger de Saint-Paul, Un Dimanche à la Campagne)* s'occupe d'animer le temple élevé à la gloire du cinéma : l'Institut Lumière.

Du boulevard des Tchécoslovaques
à la place Bellecour 2,8 km

La cour d'un ancien relais
de poste. *Photo J. L.*

Se reporter à la carte de la page 112.

⓴ Continuer « la route des Alpes » en empruntant la Grande-Rue de la Guillotière puis prendre à gauche la rue du Docteur-Crestin.

㉑ Tourner à droite rue Victorien-Sardou et longer sur quelques mètres le mur d'enceinte de l'ancien fort Lamothe édifié pour pouvoir mieux combattre « l'ennemi intérieur » (c'est-à-dire les canuts qui s'étaient révoltés).
Traverser la rue Domer et continuer à gauche dans la Grande-Rue de la Guillotière. Traverser la rue Garibaldi et longer la place de Stalingrad. Remarquer les anciennes façades enchâssées entre les immeubles récents : au n° 146, ancienne maison directoriale de l'usine située en arrière ; au n° 142, un ancien relais de poste où subsistent dans le passage les pierres dressées pour la protection des voitures à chevaux ; au n° 120, l'ancienne usine DRD (Distribution rapide de documents).

㉒ Au carrefour de la rue de la Madeleine, **tourner à gauche** pour contempler la façade de l'église Saint-Louis de la Guillotière. **Revenir Grande-Rue de la Guillotière.** Au n° 102, on remarquera un autre relais de poste avec, dans le passage, l'escalier desservant les chambres des cochers. En face, au n° 105, l'immeuble de l'hôtel de l'Aigle où Napoléon s'arrêta à son retour de l'île d'Elbe. **Traverser l'avenue Félix-Faure et l'avenue Jean-Jaurès** dont les beaux immeubles haussmaniens contrastent avec les maisons disparates de la rue de la Guillotière. Au n° 32, l'entrée en voûte d'acier d'un ensemble d'habitations et d'un groupe scolaire autour d'un jardin public illustre la rénovation urbaine du quartier.

Poursuivre jusqu'à la rue des Trois-Rois. Observer à l'angle de la rue une sculpture comportant trois couronnes qui témoignent de l'emplacement de l'ancien *Hostel des 3 Rois* et, en face, un mur peint reproduisant des affiches de films tournés à Lyon : *L'Armée des Ombres, Thérèse Raquin, Coup de Foudre* et *L'Horloger de Saint-Paul.*

㉓ Continuer Grande-Rue de la Guillotière et arriver à la très animée place Gabriel-Péri, lieu de rencontre de la communauté d'origine nord-africaine de Lyon. En face, se dresse le CLIP (Centre Liberté Péri), immeuble semi-circulaire recouvert de panneaux de verre réfléchissants. Il devait être la « devanture » d'un projet de réhabilitation du secteur pour l'instant abandonné, en raison notamment de la farouche opposition de ses habitants.
T **M** Tramway et station de métro Guillotière.
S'engager à gauche rue de Marseille.

㉔ Par la rue Passet et le petit « Chinatown lyonnais », rejoindre la place Raspail. Traverser le Rhône pour terminer le périple place Bellecour.

Vaise – Saint-Rambert – l'Île Barbe

$\boxed{\text{4,1 km aller}}$

Départ du circuit : Gare de Vaise (station de métro ligne D)

Si vous désirez fuir l'agitation de la ville tout en restant dans les limites administratives de Lyon, ce circuit inattendu sur les pentes des monts d'Or est fait pour vous. Le 9e arrondissement de Lyon a été créé en 1961 puis la commune de Saint-Rambert s'y est rattachée en 1963. Elle fait désormais partie intégrante de la ville de Lyon.

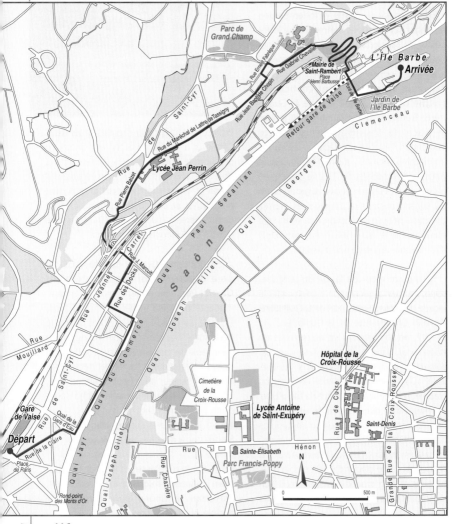

Le plan de développement du quartier de Vaise

Immeuble high-tech à Vaise. *Photo J. L.*

Le plan de développement de Vaise a pour ambition de donner un souffle nouveau à ce quartier qui bénéficie d'une situation exceptionnelle en bordure de Saône mais dont le parc immobilier vétuste se dégradait. Frappé de plein fouet par la crise économique, il était conduit à une désindustrialisation progressive.

De nombreux investissements ont été accomplis ou sont en cours de réalisation pour le rendre attractif et agréable à vivre. La réhabilitation de logements anciens et la construction de 3000 nouveaux logements permettront d'accroître la population du secteur. Le réaménagement des voies de circulation a déjà réduit les nuisances automobiles qui étaient très importantes à l'époque où la route N 6 en direction de Paris passait par le quartier. La mise en valeur des quais de Saône les rendra agréables à la promenade et, en 2009, la construction d'un nouveau pont (le pont Schumann) supprimera la circulation automobile sur l'étroite passerelle Mazaryk.

Pour revitaliser le quartier, de nouveaux aménagements ont été réalisés. Avec l'arrivée de la ligne D du métro à la gare de Vaise, un pôle d'échange multimodal combinant train, bus, métro et parc de stationnement a été construit. L'aménagement des « friches » du quartier de l'Industrie comporte l'installation de restaurants (brasserie *L'Ouest* de Paul Bocuse), l'ouverture d'un multiplexe cinématographique de quatorze salles de projection sur l'ancien site industriel des Chais beaucairois, l'édification d'un pôle textile avec la villa Créatis et surtout la création d'un pôle multimédia et numérique consacré aux nouvelles technologies avec les sièges d'Atari qui fut leader européen dans le domaine de la création de jeux vidéo, d'Orange France qui surveille l'ensemble du réseau national de téléphonie mobile, de la Cegid, leader français de l'édition de progiciels de gestion, de l'Espace numérique entreprise et d'Electronic Arts, autant d'implantations qui insufflent un dynamisme nouveau au quartier.

La Saône à Vaise. *Photo J. L.*

1 De la place de Paris (gare de Vaise) au lycée Jean-Perrin

2,3 km

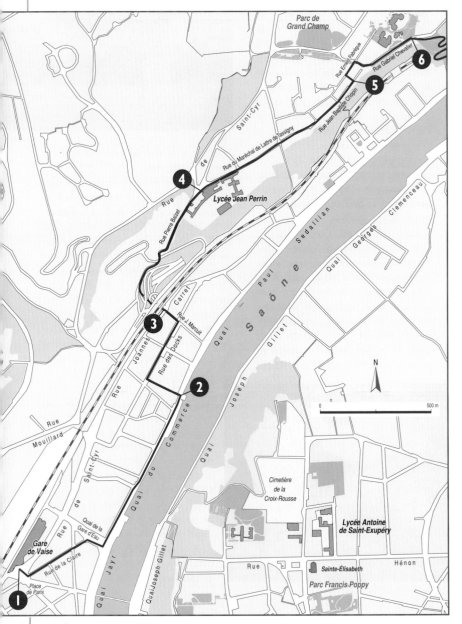

➊ Sortir de la station de métro Gare de Vaise en suivant la direction « Place de Paris ». Admirer sur la droite le clocher carré en pierres dorées et la flèche ornée d'anges stylisés de l'église de l'Annonciation (reconstruite après le bombardement de la gare de Vaise en mai 1944).

Traverser la place et emprunter, de l'autre côté, la rue de la Claire pour la suivre jusqu'à la Saône. Continuer à gauche sur le quai du Commerce. Longer le stade Joseph-Boucaud construit à l'emplacement de l'ancien port fluvial dit la gare d'Eau.

Suivre le quai sur 600 m, passer devant la brasserie *L'Ouest*.

➋ Après un petit immeuble, au n° 59 quai Paul-Sédaillan, prendre à gauche l'allée piétonne bordée d'arbres et longer les remarquables immeubles contemporains en forme de péniche du siège d'Atari. Au bout de l'allée, prendre à droite la rue des Docks et passer devant les façades en verre des immeubles *high-tech* qui remplacent progressivement les usines et entrepôts de cet ancien quartier ouvrier dit de l'Industrie. On commence à apercevoir sur la colline, le lycée Jean-Perrin.

Après le n° 58 de la rue des Docks, prendre à gauche la rue Jean-Marcuit et traverser la rue Joannes-Carret.

➌ S'engager sous la voie ferrée dans le petit tunnel réservé aux piétons indiqué « liaison rue J. Carret – rue P. Baizet ». À la sortie du tunnel, gravir les escaliers et prendre la rue Pierre-Baizet qui monte en encorbellement au-dessus de l'échangeur du « périphérique nord » (vue sur la colline de Caluire sur l'autre rive de la Saône).

Après le panneau indiquant « Résidence Sainte-Anne », continuer la rue Pierre-Baizet. Elle chemine entre deux propriétés bordées de hauts murs comme on en rencontre souvent dans le secteur.

Arriver devant les bâtiments modernes du lycée Jean-Perrin et les longer.

Immeubles en forme de péniche du siège d'Atari. *Photo J. L.*

2 Du lycée Jean-Perrin à l'Île Barbe

1,8 km

Dans l'île Barbe. *Photo J. L.*

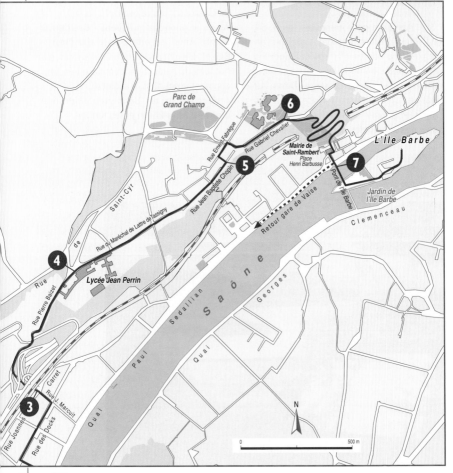

—❹ Prendre à droite la rue du Maréchal-de-Lattre-de-Tassigny. Passer devant l'entrée du collège Jean-Perrin (anciens bâtiments). **Au carrefour, continuer tout droit la rue du Maréchal-de-Lattre-de-Tassigny, puis la voie Jean-Baptiste-Chopin** (non goudronnée).

—❺ Au bout de cette voie, 50 m avant le mur, prendre à gauche puis, de suite à droite, la rue Ernest-Fabrègue. Au carrefour, prendre à droite la rue Gabriel-Chevallier, l'auteur de Clochemerle (suivre le fléchage « Place Schönberg »).
Longer le parc boisé de Saint-Rambert.

—❻ Juste après la résidence *Le Costebelle*, prendre à droite le chemin piétonnier aménagé et descendre vers la Saône dans le sous-bois du parc (suivre les lampadaires) pour arriver place Henri-Barbusse, derrière la mairie annexe.

—❼ Prendre le pont juste en face. Il permet d'accéder à l'Île Barbe qui, au Moyen Âge, abrita l'une des plus puissantes abbayes lyonnaises.
Faire le tour de l'île (nombreuses maisons anciennes dont l'accès du public est malheureusement souvent limité ou interdit).
Revenir place Henri-Barbusse. En prime de cette belle balade, ne pas hésiter à vous régaler d'une délicieuse tarte « à l'ancienne » à la boulangerie située sur l'agréable placette entre la mairie et le pont de l'île Barbe.
Retourner à la gare de Vaise (place de Paris).
– soit à pied, par le quai Paul-Sédallian (3,4 km). Le parcours est ombragé et offre de belles vues sur la colline de Caluire,
– soit par le bus :
B n° 31 ou 43, direction gare de Vaise.

L'Île Barbe. *Photo É. S.*

La nuit, la ville illuminée 10 km

Départ du circuit : Place des Cordeliers

Quand vient la nuit, Lyon change de visage pour laisser place à la magie de sa vie nocturne.

La ville s'illumine et cent mille projecteurs mettent en relief près de trois cents sites.

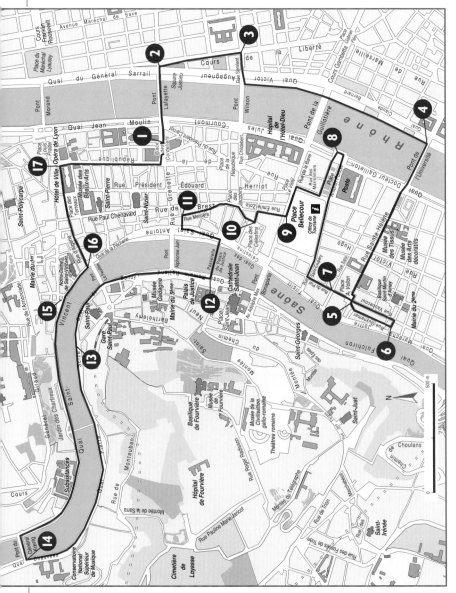

Le parcours, tel qu'il est décrit, débute place des Cordeliers, mais c'est une boucle que l'on peut commencer en différents points de l'itinéraire.

En dehors du circuit, d'autres sites et bâtiments plus excentrés sont aussi brillamment éclairés la nuit ; n'hésitez pas à vous y rendre.

Citons entre autres :

Le parc de Gerland qui « vit » la nuit jusqu'à 22 h grâce au jardin chromatique réalisé par Fachard : une mise en lumière de la végétation par un éclairage de couleur et une installation sonore qui créent la féerie nocturne et font émerger un royaume de l'imaginaire (station de métro Stade de Gerland à 500 m).

La fresque Lumière qui est le premier mur peint avec animation lumineuse réalisé par la Cité de la création sur un mur de l'immeuble *Le Prestige* au n° 106 avenue Jean-Jaurès (station de métro Jean Macé).

La gare des Brotteaux et les grandes serres illuminées du parc de la Tête-d'Or dans le 6e arrondissement.

Le splendide point de vue sur les quais de Saône, Fourvière et les Archives départementales depuis **la place Rouville** (bus n° 13 ou 18, arrêt Place Rouville).

Et bien entendu, le magnifique point de vue depuis **l'esplanade de Fourvière** qui est un incontournable nocturne.

Vous pourrez vous rendre sur tous ces sites en utilisant les bicyclettes mises en location dans les nombreuses stations vélo'v du Grand Lyon *(voir informations pratiques, page 11)*.

La vue depuis l'esplanade de Fourvière. *Photo É. S.*

Le plan Lumière

Depuis 1989, Lyon poursuit son plan Lumière.

Un éclairage artistique et esthétique valorise près de trois cents édifices et espaces publics lyonnais, comme l'hôtel de ville, l'Hôtel-Dieu, les ponts, le parc de Gerland… Chaque nuit, la ville change ainsi de physionomie, offrant des panoramas nocturnes féeriques.

Le premier plan Lumière de la ville de Lyon a constitué une œuvre pionnière et un sujet de fierté. La lumière a modifié l'image que la ville donnait d'elle-même. Elle a transformé la vie nocturne des Lyonnais, donnant une nouvelle lecture de la cité, et elle est devenue une composante de l'activité touristique.

Aujourd'hui, Lyon renouvelle son plan Lumière. Ses ambitions : ouvrir le champ de la création, intégrer les nouvelles possibilités techniques, mieux utiliser la lumière dans un souci de développement urbain ou social… Le nouveau plan Lumière s'attache à l'homme et aux activités humaines. Il s'appuie sur les fleuves, les collines, les grandes silhouettes de la ville.

De la place des Cordeliers au quai Romain-Rolland

5,4 km

Se reporter à la carte p. 122.

➊ **Quitter la place des Cordeliers** après avoir admiré à gauche la chambre de commerce et à droite l'église Saint-Bonaventure. **Traverser le Rhône par le pont Lafayette** magnifiquement mis en lumière comme tous les autres ponts de la ville.

➋ **Tourner à droite, non pas immédiatement sur le quai Augagneur, mais, au-delà du square Jussieu, sur le cours de la Liberté.** La préfecture émergera peu après d'une allée d'arbres illuminés.

➌ **Tourner à droite rue Servient pour rejoindre le quai Augagneur** d'où la vue sur l'Hôtel-Dieu est superbe. **Le prendre à gauche. Continuer par le quai Claude-Bernard** (vue sur l'hôtel *Sofitel*).

➍ **Revenir dans la Presqu'île par le pont de l'Université. Traverser le quai Gailleton, longer la place du même nom** (voir la fontaine) **et, par la rue Sainte-Hélène,** aller admirer une autre fontaine plus discrète mais cependant charmante place Antoine-Vollon.

➎ **Prendre à gauche la rue Guynemer pour gagner le quai Maréchal-Joffre.** De l'autre côté de la Saône, les anciennes murailles du fort Saint-Just se détachent sur la colline.

➏ **Tourner à gauche dans la rue Bourgelat puis encore à gauche dans la rue Vaubecour. Passer devant l'abbaye d'Ainay et poursuivre rue du Plat.**

▶ Depuis la rue Sala, découvrir sur la gauche la passerelle Tilsitt et, au-delà, l'église Saint-Georges.

L'Hôtel-Dieu. *Photo CDT – M. M.*

➐ Continuer rue du Plat et tourner à droite dans la rue Saint-Exupéry (statue éclairée de Saint-Exupéry sur la gauche) pour arriver place Bellecour. Longer la place sur le côté sud avec en point de mire le clocher de la Charité. Le dépasser et continuer place Antonin-Poncet le long de la grande poste pour aller jusqu'au Rhône admirer la fontaine avec ses jets d'eau animés, et surtout, depuis l'embarcadère, le magnifique point de vue sur les facultés et l'hôpital Saint-Luc.

➑ Revenir place Bellecour par le côté droit de la place Antonin-Poncet. Dépasser la rue des Marronniers et ses nombreux restaurants.

Tourner à droite (dans l'axe de la rue de la République) jusqu'à la place Le Viste puis

à gauche (dans le prolongement de la rue de La Barre). Passer devant la statue du Veilleur de Pierre.

➒ Quitter la place Bellecour en tournant à droite rue Émile-Zola puis à gauche rue des Archers pour déboucher place des Célestins. Tel un décor, le théâtre des Célestins dans son écrin de lumière en occupe tout le fond.

➓ Tourner à droite et prendre, en biais, la rue Moncharmont. Déboucher sur la place des Jacobins et la longer sur le côté gauche. Prendre ensuite la rue Mercière très animée le soir venu par les nombreux passants à la recherche d'un restaurant.

⓫ Emprunter à gauche le passage des Imprimeurs (n° 56) qui débouche sur le quai Saint-Antoine où l'on retrouve la Saône et une vue magnifique sur le chevet de la cathédrale Saint-Jean, l'ancien palais de justice et la basilique de Fourvière qui domine la ville et brille de tous ses feux.

Poursuivre à gauche sur le quai Saint-Antoine et traverser la Saône par la passerelle du Palais-de-Justice suspendue à la flèche élancée de son unique pile située sur la rive gauche de la rivière afin ne pas rompre l'harmonie de l'autre rive.

Déboucher sur le quai Romain-Rolland.

▶ De là, il est possible de se promener tout à loisir dans les rues du Vieux Lyon, très animées la nuit venue (*voir page 92*).

Du quai Romain-Rolland à la place des Cordeliers

4,6 km

Se reporter à la carte p. 122.

L'opéra. *Photo CDT – M. M.*

①② Tourner à droite quai Romain-Rolland, passer devant le mur peint de la **Cour des Loges** (observer sur la rive opposée la façade de l'église Saint-Nizier) **puis devant la salle Molière.** Au pont La Feuillée, la Saône fait un coude et, depuis le quai de Bondy, on aperçoit la flèche de l'église Saint-Paul.

①③ Poursuivre sur le quai Pierre-Scize et passer devant la statue de l'Homme de la Roche dans sa niche de pierres et de verdure. En face, le dôme des Chartreux domine la Croix-Rousse. La Saône tourne à nouveau. Par le quai Chauveau nappé de bleu, arriver devant le Conservatoire national supérieur de musique, beau symbole de l'architecture Renaissance avec, en face, le fort Saint-Jean et les Subsistances.

①④ Traverser la Saône par le pont Koenig et tourner à droite sur le quai Saint-Vincent d'où l'on a une belle vue sur le bâtiment des Archives départementales dominé par la tour métallique et la basilique de Fourvière.

①⑤ Passer devant le mur des Lyonnais, continuer sur le quai Saint-Vincent puis, sur le quai de la Pêcherie, longer le magnifique portail de l'église Notre-Dame-Saint-Vincent.

①⑥ Tourner à gauche rue d'Algérie pour gagner la place des Terreaux. Admirer la fontaine Bartholdi mise en lumière, les micro-fontaines de Buren, la façade du palais Saint-Pierre et la façade ouest de l'hôtel de ville. **Continuer rue Puits-Gaillot jusqu'à la place de la Comédie et l'esplanade de la place Louis-Pradel** pour contempler la façade est de l'hôtel de ville et l'opéra dont le péristyle et l'immense verrière s'éclairent en rouge sombre les soirs de spectacles.

①⑦ Tourner à droite rue de la République dont les immeubles sont remarquablement mis en valeur par leur éclairage en lumière rasante.

Revenir place des Cordeliers.

L'hôtel de ville et la place des Terreaux. *Photo CDT – M. M.*

Le 8 décembre : la fête des Lumières

En 1852, on restaure le vieux clocher carré de l'ancienne chapelle de Fourvière. À la date prévue pour l'inauguration, le sculpteur Fabisch n'a pas achevé la statue de la Vierge qui doit surmonter l'installation. Les autorités religieuses décident donc de reporter la cérémonie au 8 décembre, fête de l'Immaculée Conception…

Le jour de l'inauguration, le son des cloches et des salves d'artillerie accueillent le nouveau clocher, surmonté de la statue. Sous une pluie incessante, l'archevêque de Lyon bénit l'installation mais annule l'illumination générale prévue.

À la nuit tombée, le ciel s'éclaircit… Spontanément, les Lyonnais alignent sur les fenêtres et balcons des milliers de lumignons. À Fourvière, la manifestation d'un tel enthousiasme balaye les dernières hésitations et bientôt, clocher et statue resplendissent dans la nuit.

Cette fête ne doit pas être confondue avec le « vœu des Échevins ». En 1643, ces derniers prient la Vierge pour demander sa protection contre l'épidémie de peste qui menace la ville. Les échevins font le vœu d'accomplir chaque année un pèlerinage à Fourvière et de renouveler la consécration de Lyon à Marie. Cette tradition est toujours observée.

Aujourd'hui, des lumières profanes sont venues s'ajouter aux lumignons religieux pour le 8 décembre, fête des Lumières. Pendant quatre jours, Lyon se pare d'un costume de lumière unique au monde. Les commerçants décorent les vitrines, l'éclairage des rues devient féerique. Les croisières nocturnes, pendant ces jours de fête, donnent un point de vue tout aussi surprenant. La place des Terreaux, avec les façades de l'hôtel de ville et du musée des Beaux-Arts, se transforme en tableau vivant. La cathédrale Saint-Jean prend des couleurs inédites, les ponts semblent s'embraser… L'édition 2003 a permis aux internautes du monde entier de créer une œuvre lumineuse sur la place Bellecour depuis leur ordinateur. On a aussi projeté sur la cathédrale Saint-Jean l'histoire de la soie, tandis que la chapelle de la Trinité était inondée par la « Grande Marée ». Lumières, musiques, spectacles donnent à Lyon un aspect surréaliste.

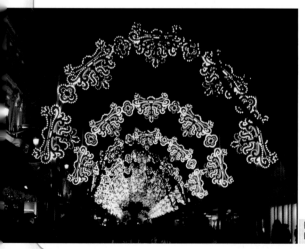

Rue de la République, le 8 décembre. *Photo J. L.*

Réalisation

La sélection et la description des itinéraires ont été réalisées, après reconnaissance et repérage au nom du Comité départemental de la randonnée pédestre du Rhône, par Gérard Ayel, Francis Bagnol, Odile Cambuzat, Andrée Gaillard, Jacques Lardy, Roland Mercier, Christian Pouchoux et Nicolas Suissa.

Les textes descriptifs des itinéraires ont été écrits par Odile Cambuzat, Jacques Lardy, Roland Mercier et Christian Pouchoux.

Les articles thématiques on été rédigés par Odile Cambuzat, Jean Corompt, René-Pierre Furminieux, Anne Gautier, Gérard Truchet, président de la Société des amis de Lyon et de Guignol, Geneviève Lardy, Jacques Lardy, Roland Mercier, Maurice Ollier, Jean Louis Peyron, Christian Pouchoux, Robert Salies, Colette Tempère, guide de la Fondation Fourvière, et Anne-Marie Vurpas, chercheuse à l'Institut Pierre-Gardette, université catholique de Lyon.

L'ensemble de la publication a été relu et validé par Guillemette Laferrère, directrice communication et marketing à l'Office de tourisme et des congrès de la ville de Lyon.

La coordination de l'édition a été assurée par Jacques Lardy et Christian Pouchoux.

Les articles sur la gastronomie lyonnaise, le plan Lumière et la fête des Lumières reprennent des textes publiés par l'Office de tourisme et des congrès de la ville de Lyon.

Crédits photographiques
CDT : CDT Rhône (*P. A.* : P. Ageneau/CG 69 ; *C. F.* : C. Ferrier/CDT Rhône ; *D. G.* : D. Gillet/CDT Rhône ; *M. M.* : M. Morel/CDT Rhône ; *Y. S* : Y. Saunier/CDT Rhône)
CHRD : Centre d'Histoire de la Résistance et de la Déportation
É. S. : Éric Sahm
FB : page 111 : photo d'archive fond. Berliet
J. L. : Jacques Lardy
J. Le : Jacques Leone – Ville de Lyon
M. B. : Michel Beaume
M. C. : Muriel Chaulet – Ville de Lyon
OTCL : Office de Tourisme et des Congrès du Grand Lyon
page 69 : photographie fournie par le musée des Beaux-Arts de Lyon

Responsable de la production éditoriale : Isabelle Lethiec
Développement et suivi collectivités locales : Patrice Souc, Emmanuelle Rondineau
Assistante : Sabine Guisguillert
Création de maquette : Marc & Yvette
Design couverture : MediaSarbacane
Édition : Jean-Michel Rêve
Relecture : Philippe Lambert, Marie Fourmaux, Jérôme Bazin, Olivier Cariot
Cartographie : Noël Blotti
La cartographie s'appuie sur le fond numérique de la base de données topographiques de la ville de Lyon
Mise en page : Isabelle Vacher
Fabrication : Jérôme Bazin, Marine Léopold, Laetitia Monfort
Compogravure : MCP, Orléans
Impression : Achevé d'imprimer en France sur les presses de Loire-Offset Titoulet (Saint-Etienne) sur papier issu de forêts gérées durablement.